Introduction

Bienvenue dans "Richesse Simplifiée", un guide unique qui vous accompagne pas à pas sur le chemin de l'indépendance financière, de la prospérité et du bonheur. Dans ce livre, nous vous invitons à repenser la notion de richesse et à explorer les différentes dimensions de la vie qui peuvent vous mener à une existence épanouissante et pleine de sens.

Le monde d'aujourd'hui est complexe, et la quête de la richesse peut sembler insaisissable. Mais grâce à des stratégies simples et éprouvées, il est possible de vivre selon vos valeurs et vos priorités tout en bâtissant un patrimoine solide. Ce livre est conçu pour vous aider à naviguer dans ce labyrinthe et à trouver le chemin qui vous mènera à une vie riche et satisfaisante.

À travers les différents chapitres de ce livre, nous aborderons des sujets essentiels tels que l'indépendance financière, la gestion du patrimoine, la définition de la réussite et du bonheur selon vos propres termes, et l'importance de la philanthropie. Nous explorerons également comment célébrer vos victoires et tirer les leçons de vos échecs pour continuer à progresser.

Chaque chapitre est construit autour d'une idée clé, et vous trouverez des histoires, des anecdotes et des mises en situation pour illustrer les concepts et vous inspirer. Le but de ce livre est de vous offrir des réponses pratiques et concrètes, basées sur des connaissances et des expériences réelles, pour vous aider à atteindre vos objectifs et à vivre une vie pleine de richesses, au sens large du terme.

Alors, préparez-vous à embarquer dans ce voyage de découverte et d'épanouissement personnel. Ensemble, nous allons simplifier la richesse et transformer votre vie.

Poser les bases de votre richesse simplifiée

Chapitre 1 : Établir une vision financière claire

Quand je repense à mon parcours financier, je me souviens du jour où j'ai réalisé l'importance d'avoir une vision financière claire. Avant cette prise de conscience, je gérais mon argent de manière erratique, sans réel objectif. Je vais vous partager mon expérience et vous expliquer pourquoi et comment établir une vision financière claire est essentiel pour réussir dans la vie.

Dans mon entourage, j'ai toujours été épaté par Martin, un ami qui semblait avoir tout compris sur la gestion de son argent. Un jour, nous avons discuté de nos projets et de nos rêves, et il m'a confié un secret : sa réussite financière était le fruit d'une vision claire et précise de ses objectifs et de ses ambitions. Il savait exactement ce qu'il voulait accomplir et, surtout, il avait un plan pour y parvenir.

Intrigué par cette révélation, j'ai commencé à réfléchir à ma propre situation financière. Pour la première fois, je me suis posé des questions cruciales sur ce que je voulais vraiment et comment je pourrais y arriver. Voici les étapes que j'ai suivies pour établir ma vision financière claire.

La première étape consiste à dresser un état des lieux de votre situation financière. Pour cela, il faut rassembler toutes les informations concernant vos revenus, vos dépenses, vos dettes et vos économies. Une fois ces données collectées, évaluez votre niveau de satisfaction par rapport à votre situation actuelle. Posez-vous les bonnes questions : suis-je satisfait de mon niveau de vie ? Ai-je suffisamment d'économies pour faire face aux imprévus ? Puis-je envisager sereinement mon avenir financier ?

Ensuite, il est temps de réfléchir à vos aspirations et à vos rêves. Qu'est-ce qui vous motive et vous passionne dans la vie ? Quels sont vos projets à court, moyen et long terme ? Essayez d'être le plus précis possible en énumérant vos objectifs financiers. Par exemple, au lieu de simplement dire "Je veux être riche", définissez une somme précise à atteindre et un délai pour y parvenir. La clarté de vos objectifs facilitera grandement la mise en place d'un plan pour les atteindre.

Le troisième pas est d'identifier les obstacles qui se dressent entre vous et vos objectifs financiers. Quels sont les freins qui vous empêchent d'atteindre vos rêves ? Est-ce un manque de connaissances sur la gestion de l'argent, un endettement excessif ou encore une incapacité à épargner régulièrement ? En identifiant ces obstacles, vous pourrez mettre en place des stratégies pour les surmonter.

Je me souviens d'un échange marquant avec Martin sur ce sujet. Je lui ai confié que l'un de mes principaux obstacles était mon incapacité à épargner. Plutôt que de me juger, il m'a partagé sa propre expérience et m'a fait réaliser que l'épargne est une question d'habitude et de discipline.

Avec cette prise de conscience, j'ai pu élaborer des stratégies pour épargner régulièrement. Par exemple, j'ai décidé d'automatiser mes transferts d'argent vers un compte d'épargne chaque mois, juste après avoir reçu mon salaire. De cette manière, j'économisais sans même m'en rendre compte.

Une fois que vous avez identifié les obstacles, il est temps de créer un plan d'action pour atteindre vos objectifs financiers. Ce plan doit être réaliste, détaillé et flexible. Vous pouvez le diviser en étapes à court, moyen et long terme, avec des échéances précises pour chaque étape. Assurez-vous également de déterminer des indicateurs de performance pour mesurer vos progrès et ajuster votre plan en conséquence.

Dans mon cas, j'ai établi un plan d'action en trois ans pour atteindre mes objectifs financiers. J'ai fixé des jalons trimestriels pour suivre mes progrès et m'assurer de rester sur la bonne voie. Et pour m'aider à rester motivé, je me suis entouré de personnes qui partageaient les mêmes aspirations financières et avec qui je pouvais échanger régulièrement.

Au fur et à mesure que j'avançais dans mon plan, j'ai commencé à voir des résultats tangibles. Mes économies augmentaient, mes dettes diminuaient et je me sentais de plus en plus en confiance quant à mon avenir financier. Cette réussite m'a poussé à partager mes découvertes avec d'autres personnes dans la même situation.

L'un des moments les plus gratifiants a été lorsque j'ai aidé un collègue, Max, à établir sa propre vision financière claire. Max était dépassé par ses dettes et ne savait pas comment s'en sortir. Ensemble, nous avons examiné sa situation financière, identifié ses objectifs et établi un plan d'action réaliste pour rembourser ses dettes et commencer à épargner. Max a réussi à surmonter ses difficultés financières et, aujourd'hui, il est sur la voie de la liberté financière.

En conclusion, établir une vision financière claire est essentiel pour réussir dans la vie. Il s'agit de comprendre votre situation actuelle, de définir des objectifs précis et de créer un plan d'action pour les atteindre. En suivant ces étapes et en vous entourant de personnes partageant les mêmes aspirations, vous pourrez surmonter les obstacles qui se dressent entre vous et la réussite financière.

Aujourd'hui, je suis fier d'avoir réussi à améliorer ma situation financière et d'aider les autres à faire de même. Je vous invite à suivre mon exemple et à commencer dès maintenant à établir votre propre vision financière claire. Je vous assure que cette démarche vous permettra non seulement de mieux gérer votre argent, mais également de vivre une vie plus épanouissante et enrichissante.

Chapitre 2 : Analyser votre situation financière actuelle

L'année dernière, j'ai rencontré Julien, un ami de longue date, lors d'une réunion d'anciens élèves. À notre grande surprise, nous avons découvert que nous partagions la même passion pour l'indépendance financière. Au fil de la conversation, il m'a raconté comment il avait complètement transformé sa vie en analysant sa situation financière actuelle et en prenant des décisions éclairées pour atteindre ses objectifs.

Cette histoire m'a inspiré et je me suis empressé de mettre en pratique cette approche dans ma propre vie. Dans ce chapitre, je vais vous partager ce que j'ai appris et comment analyser votre situation financière actuelle peut vous aider à prendre le contrôle de vos finances et à construire un avenir prospère.

Tout d'abord, il est crucial de comprendre que l'analyse de votre situation financière actuelle est la base de tout progrès financier. C'est en connaissant précisément votre point de départ que vous pourrez déterminer les actions à entreprendre pour atteindre vos objectifs. Alors, comment procéder ?

La première étape consiste à établir un bilan financier complet. Ce bilan doit inclure l'ensemble de vos actifs (ce que vous possédez) et de vos passifs (ce que vous devez). Voici une liste non exhaustive d'éléments à prendre en compte :

Actifs : compte courant, compte épargne, placements financiers, biens immobiliers, véhicules, objets de valeur, etc.

Passifs : crédits à la consommation, crédits immobiliers, dettes personnelles, découverts bancaires, etc.

Une fois votre bilan financier établi, il est temps de calculer votre valeur nette. La valeur nette représente la différence entre vos actifs et vos passifs. Cette valeur est un indicateur important de votre santé financière et vous permet de suivre l'évolution de votre situation dans le temps.

Lorsque j'ai réalisé cette étape pour la première fois, j'ai découvert que ma valeur nette était plus faible que ce que j'avais imaginé. Cette prise de conscience m'a incité à repenser ma manière de gérer mes finances.

Ensuite, analysez vos revenus et vos dépenses. Établissez un budget détaillé en recensant toutes vos sources de revenus (salaires, revenus locatifs, revenus de placements, etc.) et en listant toutes vos dépenses (logement, alimentation, transport, loisirs, etc.). La clé pour réussir cette étape est d'être le plus précis et exhaustif possible.

Lorsque vous aurez établi votre budget, vous serez en mesure d'identifier les catégories où vous dépensez le plus et celles où vous pourriez réaliser des économies. Dans mon cas, j'ai découvert que je dépensais beaucoup trop en sorties et en loisirs. J'ai donc décidé de réduire ces dépenses pour mieux épargner et investir.

Le troisième point à considérer est l'évaluation de vos objectifs financiers à court, moyen et long terme. Ces objectifs doivent être clairs, précis et mesurables. Par exemple, au lieu de simplement dire "Je veux épargner pour mes vacances", fixez-vous un montant précis à atteindre et une date à laquelle vous souhaitez y parvenir, comme "Je veux économiser 3 000 euros pour mes vacances d'été en 12 mois". Avoir des objectifs bien définis vous permettra de mieux visualiser votre progrès et de rester motivé.

En réfléchissant à mes propres objectifs, j'ai compris que je devais m'attaquer à mes dettes à court terme tout en mettant de l'argent de côté pour des projets futurs, comme l'achat d'une maison à moyen terme et ma retraite à long terme.

Maintenant que vous avez une vue d'ensemble de votre situation financière, il est temps d'agir. Identifiez les domaines sur lesquels vous pouvez travailler pour améliorer vos finances. Il peut s'agir de réduire vos dépenses, d'augmenter vos revenus ou de réorganiser vos placements.

Dans mon cas, j'ai choisi de travailler sur plusieurs fronts. J'ai renégocié mon crédit immobilier, ce qui m'a permis de réduire considérablement mes mensualités. J'ai également diversifié mes investissements et recherché de nouvelles opportunités pour augmenter mes revenus passifs.

Un élément clé pour améliorer votre situation financière est de vous entourer de personnes qui vous soutiennent et vous motivent. Partagez vos objectifs avec des amis, des collègues ou des membres de votre famille qui ont des intérêts similaires. Ensemble, vous pourrez échanger des conseils, des astuces et des encouragements.

Pour illustrer cette idée, je vais vous raconter l'histoire d'Élise, une de mes amies qui m'a accompagné dans mon parcours financier. Ensemble, nous avons formé un groupe de soutien et avons régulièrement échangé sur nos progrès, nos réussites et nos difficultés. Cette dynamique d'entraide nous a permis de rester motivés et de surmonter les obstacles qui se présentaient à nous.

En somme, analyser votre situation financière actuelle est une étape cruciale pour prendre le contrôle de vos finances et construire un avenir prospère. En établissant un bilan financier, en définissant des objectifs précis et en agissant en conséquence, vous serez en mesure de réaliser vos rêves et d'améliorer votre qualité de vie.

N'attendez plus et commencez dès aujourd'hui à analyser votre situation financière. Vous verrez, comme moi et mes amis, que ce travail en vaut la peine et que les résultats ne tarderont pas à se manifester. Le chemin vers l'indépendance financière vous attend, il ne tient qu'à vous de le parcourir.

Chapitre 3 : Définir vos objectifs financiers à court, moyen et long terme

Il était tard, un soir d'hiver, lorsque je me suis assis à mon bureau avec une tasse de thé fumante et une feuille de papier vierge devant moi. Je savais que le moment était venu de faire le point sur mes objectifs financiers, de me projeter dans l'avenir et de déterminer les étapes à suivre pour y parvenir.

Définir des objectifs financiers est une tâche essentielle pour chacun d'entre nous, quels que soient notre âge, notre situation familiale ou notre niveau de revenu. Cela permet de donner un cap à nos actions et de nous motiver à prendre les mesures nécessaires pour atteindre nos ambitions. Alors, comment procéder pour déterminer ces objectifs à court, moyen et long terme?

Faites une introspection et identifiez vos aspirations

Tout d'abord, prenez un moment pour réfléchir à ce que vous voulez vraiment dans la vie. Quels sont vos rêves, vos aspirations et vos projets futurs? Votre objectif peut être d'acquérir un logement, de financer les études de vos enfants, de voyager ou de partir à la retraite avec une certaine aisance financière. Notez ces idées sur un papier et organisez-les en fonction de leur importance pour vous.

Lors de cette étape, j'ai pris le temps de méditer sur mes désirs et mes projets. J'ai fini par dresser une liste d'objectifs personnels, parmi lesquels figuraient l'achat d'une nouvelle voiture, la constitution d'un patrimoine immobilier et la préparation de ma retraite.

Catégorisez vos objectifs en fonction de leur échéance

Une fois vos objectifs identifiés, classez-les en trois catégories: court terme (moins d'un an), moyen terme (de un à cinq ans) et long terme (plus de cinq ans). Cette classification vous permettra de déterminer les actions à entreprendre en priorité et de vous assurer que vous travaillez simultanément sur l'ensemble de vos ambitions.

Dans mon cas, j'ai classé l'achat d'une nouvelle voiture comme un objectif à court terme, l'investissement immobilier comme un objectif à moyen terme et la préparation de ma retraite comme un objectif à long terme.

Rendez vos objectifs SMART

Un bon objectif financier doit être SMART, c'est-à-dire Spécifique, Mesurable, Atteignable, Réaliste et Temporellement défini. Reformulez vos objectifs en tenant compte de ces critères pour vous assurer qu'ils sont clairs, précis et réalisables. Par exemple, au lieu de dire "Je veux économiser pour un appartement", optez pour "Je veux économiser 50 000 euros en cinq ans pour un acompte sur un appartement".

En suivant cette méthode, j'ai pu déterminer des objectifs clairs et quantifiables, tels que "Je veux économiser 10 000 euros en un an pour acheter une voiture d'occasion" ou "Je veux investir dans un bien locatif d'une valeur de 200 000 euros dans les trois prochaines années".

Élaborez un plan d'action pour atteindre vos objectifs

Maintenant que vos objectifs sont clairement définis, il est temps de passer à l'action. Pour chaque objectif, identifiez les étapes à suivre pour les atteindre. Il peut s'agir d'économiser une certaine somme chaque mois, d'investir dans des placements financiers ou de prendre des décisions pour réduire vos dépenses.

Pour mon objectif d'achat de voiture, j'ai décidé de mettre en place un plan d'épargne mensuel pour atteindre les 10 000 euros nécessaires en un an. Pour mon projet immobilier, j'ai planifié des rendez-vous avec des conseillers en investissement pour obtenir des informations sur les meilleures opportunités du marché. Enfin, pour préparer ma retraite, j'ai envisagé de diversifier mon portefeuille d'investissement et de maximiser mes cotisations à un plan d'épargne retraite.

Suivez régulièrement vos progrès

Établir des objectifs financiers n'est pas une action ponctuelle, mais un processus continu. Pour vous assurer de rester sur la bonne voie, il est crucial de suivre régulièrement vos progrès. Prenez le temps d'évaluer votre situation financière et de réajuster vos plans si nécessaire. Peut-être réaliserez-vous que certains objectifs sont devenus moins importants, tandis que d'autres ont pris de l'ampleur.

Un soir, alors que je vérifiais mes comptes et mes investissements, j'ai réalisé que mon objectif de préparation à la retraite avait gagné en importance à mes yeux. J'ai donc décidé d'y consacrer plus de temps et de ressources, en ajustant mes priorités en conséquence.

Célébrez vos réussites

Enfin, n'oubliez pas de célébrer vos réussites et vos progrès, même les plus petits. Atteindre un objectif financier est un accomplissement dont vous pouvez être fier. Profitez de ces moments pour vous récompenser et vous encourager à poursuivre sur cette voie.

Le jour où j'ai finalement acheté ma voiture, je me suis accordé un petit moment de détente dans un restaurant étoilé pour fêter cette réalisation. Ce repas m'a rappelé les efforts que j'avais fournis pour atteindre mon objectif et m'a motivé à poursuivre mes autres projets financiers.

En résumé, définir des objectifs financiers à court, moyen et long terme est essentiel pour donner un sens à nos actions et nous aider à réaliser nos rêves. Prenez le temps de réfléchir à vos aspirations, d'organiser vos objectifs en fonction de leur échéance, de les rendre SMART, d'établir un plan d'action, de suivre vos progrès et de célébrer vos réussites. En faisant cela, vous augmenterez vos chances d'atteindre la richesse et la sérénité financière que vous désirez.

Chapitre 4 : La puissance des habitudes pour la réussite financière

Lorsque j'ai commencé mon parcours vers la richesse et la réussite financière, je me suis rapidement rendu compte de l'importance des habitudes dans ma vie quotidienne. Les habitudes, qu'elles soient bonnes ou mauvaises, peuvent avoir un impact considérable sur notre succès financier. Dans ce chapitre, je partagerai avec vous quelques-unes des habitudes les plus puissantes que j'ai adoptées et qui ont transformé ma vie financière.

La planification financière hebdomadaire

Chaque dimanche soir, je m'accorde un moment pour examiner mes finances. J'évalue mes dépenses de la semaine écoulée, je vérifie mes comptes et je mets à jour mon budget. Cette habitude m'a permis de garder le contrôle de mes finances et d'identifier rapidement les domaines dans lesquels je pouvais économiser de l'argent.

Un jour, en vérifiant mes dépenses, je me suis rendu compte que je dépensais beaucoup trop d'argent en sorties au restaurant. J'ai donc décidé de réduire ces dépenses en préparant davantage de repas à la maison. Cette simple habitude m'a permis d'économiser des centaines d'euros par mois.

L'épargne automatique

Un autre élément clé de ma réussite financière a été la mise en place d'un système d'épargne automatique. Chaque mois, une somme fixe est automatiquement transférée de mon compte courant vers mon compte épargne. Cette habitude m'a aidé à bâtir mon fonds d'urgence et à financer mes projets à long terme.

L'épargne automatique a également renforcé ma discipline financière, car je me suis habitué à vivre avec un budget légèrement réduit. En conséquence, j'ai appris à dépenser mon argent de manière plus réfléchie.

L'investissement régulier

Investir de manière régulière et disciplinée est une habitude qui m'a aidé à créer de la richesse sur le long terme. J'ai commencé par investir une petite somme chaque mois dans des fonds indiciels et des actions de qualité. Au fil du temps, ces investissements ont généré des rendements significatifs, grâce à la magie de la capitalisation.

Pour m'assurer de rester discipliné dans mes investissements, j'ai adopté la stratégie du "dollar cost averaging", qui consiste à investir une somme fixe à intervalles réguliers, quelles que soient les conditions du marché. Cette approche m'a permis d'éviter de prendre des décisions impulsives et d'acheter ou de vendre mes actifs en fonction des fluctuations du marché.

La lecture quotidienne

La lecture est une habitude qui m'a permis d'élargir mes connaissances et ma compréhension des finances personnelles. Chaque jour, je consacre au moins 30 minutes à la lecture d'articles, de livres ou de blogs sur les finances personnelles, l'investissement ou l'entrepreneuriat.

Cette habitude m'a permis de découvrir de nouvelles idées et stratégies pour gérer mon argent et développer ma richesse. Un jour, j'ai lu un article sur l'investissement immobilier qui m'a inspiré à acheter un bien locatif. Grâce à cette nouvelle source de revenus passifs, j'ai pu augmenter significativement ma richesse et ma sécurité financière.

L'entourage financier

J'ai rapidement compris que m'entourer de personnes partageant les mêmes objectifs financiers était essentiel pour maintenir ma motivation et ma discipline. J'ai donc commencé à participer à des groupes de discussion en ligne et à assister à des conférences sur la finance personnelle et l'investissement. Cette habitude m'a permis de me créer un réseau solide de personnes partageant les mêmes valeurs et la même vision financière.

Un jour, lors d'une conférence, j'ai rencontré Marc, un entrepreneur à succès. Au fil de nos conversations, nous avons découvert que nous partagions la même passion pour l'investissement. Marc m'a alors présenté à son groupe d'investisseurs privés, ce qui m'a permis d'accéder à des opportunités d'investissement exclusives et de développer davantage ma richesse.

En conclusion, adopter ces habitudes puissantes a été un facteur déterminant dans ma réussite financière. La planification financière hebdomadaire, l'épargne automatique, l'investissement régulier, la lecture quotidienne et l'entourage financier m'ont permis de prendre le contrôle de mes finances, de bâtir ma richesse et d'atteindre mes objectifs financiers à court, moyen et long terme.

Je vous encourage à mettre en pratique ces habitudes dans votre propre vie financière. Vous pourrez ainsi constater par vous-même les transformations positives qu'elles peuvent apporter et les bénéfices qu'elles génèrent. N'oubliez pas que la réussite financière ne dépend pas uniquement de la somme d'argent que vous gagnez, mais également des habitudes que vous adoptez pour gérer et faire fructifier cette somme. Prenez le temps d'investir en vous-même et de développer des habitudes financières saines qui vous mèneront sur le chemin de la richesse et de la réussite.

Chapitre 5 : Adopter un état d'esprit de croissance et d'abondance

J'étais autrefois très limité dans ma façon de penser. Je me souviens de la première fois où j'ai réalisé que mon état d'esprit était en train de me retenir. J'étais assis à un café avec un ami, en train de discuter de nos projets et ambitions. Je me suis surpris à penser que je n'avais pas les ressources nécessaires pour réussir, alors que mon ami parlait avec enthousiasme de tout ce qu'il voulait accomplir.

À ce moment-là, j'ai compris que je devais changer ma façon de voir les choses si je voulais atteindre le succès financier. J'ai commencé à adopter un état d'esprit de croissance et d'abondance, et cela a transformé ma vie de manière spectaculaire.

Se concentrer sur les possibilités

Au lieu de me focaliser sur mes limites et mes manques, j'ai choisi de concentrer mon attention sur les opportunités qui s'offraient à moi. J'ai cherché à saisir chaque chance de développer mes compétences, d'apprendre de nouvelles choses et de m'entourer de personnes inspirantes.

Un jour, j'ai rencontré Julien, un investisseur chevronné. Nous avons discuté longuement de nos stratégies d'investissement respectives et de nos objectifs financiers. Julien m'a ouvert les yeux sur de nombreuses possibilités auxquelles je n'avais jamais pensé auparavant. Grâce à notre amitié, j'ai pu diversifier mon portefeuille et accroître ma richesse.

Avoir une attitude de gratitude

J'ai également appris à cultiver la gratitude pour ce que j'avais déjà. Chaque matin, je prends quelques minutes pour réfléchir à toutes les choses pour lesquelles je suis reconnaissant – ma famille, mes amis, ma santé, mes réalisations financières, etc. Cette pratique m'aide à me concentrer sur l'abondance dans ma vie, plutôt que sur ce qui me manque.

Se fixer des objectifs ambitieux

Adopter un état d'esprit d'abondance m'a également poussé à me fixer des objectifs plus audacieux et ambitieux. Je me suis rendu compte que je me contentais souvent de viser la moyenne, par peur de l'échec ou de la déception. En me donnant la permission de rêver grand et de croire en ma capacité à atteindre mes objectifs, j'ai pu accomplir des choses que je n'aurais jamais imaginées auparavant.

Je me souviens d'une conversation avec mon mentor, qui m'a encouragé à investir dans un projet immobilier de grande envergure. Au début, j'étais réticent, car cela représentait un risque financier considérable. Mais mon mentor m'a poussé à reconsidérer mes peurs et à envisager les avantages potentiels de cet investissement. Finalement, j'ai décidé de me lancer, et ce projet s'est avéré être l'un des investissements les plus rentables de ma carrière.

Apprendre de ses échecs

Un autre aspect essentiel de l'état d'esprit de croissance est la capacité à apprendre de ses échecs et à les considérer comme des opportunités de croissance. Au lieu de me laisser abattre par mes erreurs, j'ai choisi de les analyser et d'en tirer des leçons pour m'améliorer.

Lorsque j'ai perdu une somme d'argent importante dans un investissement boursier, j'aurais pu me sentir démoralisé et abandonner. Au lieu de cela, j'ai examiné la situation de près et identifié les erreurs que j'avais commises. Grâce à cette expérience, j'ai pu affiner ma stratégie d'investissement et éviter de faire les mêmes erreurs à l'avenir.

S'entourer de personnes inspirantes

Enfin, pour cultiver un état d'esprit d'abondance, il est crucial de s'entourer de personnes qui partagent les mêmes valeurs et ambitions. Les personnes avec qui vous passez du temps ont une influence considérable sur votre façon de penser et d'agir.

J'ai fait l'effort de me connecter avec des personnes qui réussissent dans leur domaine et qui ont une attitude positive envers la vie. Leur énergie et leur enthousiasme sont contagieux, et ils m'ont aidé à développer mon propre état d'esprit de croissance et d'abondance.

Je me souviens d'une soirée où j'ai rencontré Mathieu, un entrepreneur à succès. Il m'a raconté comment il avait surmonté de nombreux obstacles pour bâtir son entreprise et créer une vie financièrement prospère. Ses histoires m'ont inspiré et m'ont encouragé à persévérer dans la poursuite de mes propres objectifs financiers.

En résumé, adopter un état d'esprit de croissance et d'abondance a été l'un des facteurs les plus déterminants dans ma réussite financière. En me concentrant sur les possibilités, en cultivant la gratitude, en me fixant des objectifs ambitieux, en apprenant de mes échecs et en m'entourant de personnes inspirantes, j'ai pu surmonter mes croyances limitantes et créer une vie financièrement épanouissante. J'encourage tous ceux qui cherchent à améliorer leur situation financière à suivre ces principes et à observer les changements positifs qui en découlent.

Chapitre 6 : Réussir à épargner sans se priver

Il y a quelques années, j'ai été confronté à un défi : comment épargner sans me priver du plaisir et des petites joies quotidiennes? J'ai réalisé que la clé résidait dans l'équilibre entre économies et dépenses judicieuses. Voici les principes que j'ai adoptés pour réussir à épargner sans sacrifier ma qualité de vie.

Comprendre l'importance de l'épargne

Pour moi, la première étape a été de comprendre pourquoi il est essentiel d'épargner. J'ai réalisé que l'épargne me permettrait de me préparer à l'avenir, de faire face aux imprévus et d'atteindre mes objectifs financiers. Une fois convaincu de son importance, j'étais prêt à trouver un moyen d'économiser sans me priver.

Établir un budget réaliste

J'ai commencé par dresser un budget réaliste qui prenait en compte mes revenus et mes dépenses. Je me suis assuré d'allouer suffisamment d'argent pour couvrir mes besoins essentiels, tout en prévoyant une somme pour mes loisirs et les plaisirs de la vie. Cet exercice m'a permis de déterminer combien je pouvais épargner chaque mois sans me priver.

Trouver des alternatives économiques

Plutôt que de renoncer à mes plaisirs, j'ai cherché des alternatives plus économiques. Par exemple, au lieu d'aller au restaurant chaque semaine, j'ai décidé de cuisiner de bons petits plats à la maison et d'inviter mes amis à partager ces moments conviviaux. J'ai également troqué mon abonnement à la salle de sport coûteuse contre des séances de jogging en plein air.

Un jour, j'ai rencontré un ami, Thomas, qui m'a parlé d'une application pour comparer les prix dans les magasins. Cela m'a aidé à économiser sur les courses sans sacrifier la qualité des produits que j'achetais. Ces petites astuces ont eu un impact significatif sur mon budget et m'ont permis d'épargner sans me priver.

Automatiser l'épargne

J'ai décidé d'automatiser mon épargne pour m'assurer de mettre de côté une somme chaque mois. En mettant en place des virements automatiques vers mon compte d'épargne, je n'avais plus à me soucier de l'épargne et pouvais me concentrer sur mes dépenses courantes.

Épargner de manière ludique

Pour rendre l'épargne plus amusante, j'ai décidé de mettre en place des défis et des objectifs. Par exemple, j'ai instauré un "mois sans dépenses inutiles" où je me suis engagé à éviter les achats impulsifs et à ne dépenser de l'argent que pour les choses vraiment nécessaires. Non seulement cela m'a permis d'économiser, mais cela m'a aussi aidé à prendre conscience de mes habitudes de consommation.

Se fixer des objectifs d'épargne précis

Pour rester motivé, je me suis fixé des objectifs d'épargne précis et réalisables. Par exemple, j'ai décidé d'économiser pour un voyage ou pour investir dans un projet qui me tenait à cœur. En visualisant ce que je pourrais accomplir grâce à mon épargne, je me suis senti encore plus motivé pour continuer à économiser sans me priver.

Apprendre à profiter des moments simples

J'ai découvert que je pouvais profiter de la vie sans dépenser beaucoup d'argent. J'ai commencé à apprécier les moments simples et gratuits, comme une promenade en forêt, un pique-nique entre amis ou une soirée jeux de société à la maison. Ces expériences m'ont appris que le bonheur ne réside pas nécessairement dans les dépenses excessives, mais plutôt dans les moments partagés avec les personnes qui comptent pour moi.

Cultiver la gratitude

Pour maintenir mon état d'esprit positif et rester concentré sur mes objectifs d'épargne, j'ai adopté la pratique de la gratitude. Chaque soir, je prenais quelques minutes pour réfléchir aux choses pour lesquelles j'étais reconnaissant. Cela m'a aidé à rester ancré dans le moment présent et à me rappeler que j'avais déjà beaucoup dans ma vie, même sans dépenser beaucoup d'argent.

Se donner des récompenses

Bien que j'aie adopté un mode de vie plus économe, je me suis accordé de temps en temps des petites récompenses pour rester motivé. Lorsque j'atteignais un objectif d'épargne, je me permettais un petit plaisir, comme un bon repas au restaurant ou un week-end en amoureux. Cela m'a aidé à maintenir un équilibre et à ne pas me sentir privé.

Faire preuve de patience et de persévérance

Enfin, j'ai compris que réussir à épargner sans se priver demande de la patience et de la persévérance. Il est important de se donner du temps pour s'adapter à de nouvelles habitudes et de ne pas se décourager en cas de difficultés. En restant déterminé et en gardant à l'esprit mes objectifs financiers, j'ai pu économiser sans sacrifier ma qualité de vie.

En adoptant ces principes, j'ai réussi à trouver un équilibre entre épargne et dépenses judicieuses, tout en profitant des plaisirs de la vie. Je suis convaincu que, avec un peu de détermination et de créativité, chacun peut réussir à épargner sans se priver et ainsi se construire un avenir financier serein et épanouissant.

Maîtriser vos dépenses pour libérer votre potentiel

Chapitre 7 : Comprendre les pièges des dépenses impulsives

Je me souviens d'une soirée où je suis tombé dans un piège que j'ai moi-même tendu. J'étais au centre commercial, les bras chargés de sacs remplis d'achats que je n'avais pas vraiment besoin. C'est alors que j'ai compris que les dépenses impulsives étaient un véritable frein à ma réussite financière.

Le piège de la publicité

L'une des premières fois où j'ai été confronté à ce problème, c'était en me promenant dans une boutique de vêtements. Les rayons étaient remplis de vêtements aux couleurs vives, et les promotions semblaient trop belles pour être vraies. C'est alors que j'ai compris comment la publicité et le marketing utilisent notre désir naturel de nouveauté pour nous pousser à dépenser sans réfléchir.

Les publicités sont conçues pour capter notre attention et créer un sentiment d'urgence, comme si nous devions absolument profiter de cette offre limitée dans le temps. Je me souviens d'une fois où j'ai acheté une paire de chaussures simplement parce que l'étiquette mentionnait qu'elles étaient en promotion pour une durée limitée. En réalité, je n'avais pas besoin de ces chaussures, et je les ai portées seulement quelques fois avant de les oublier au fond de mon placard.

L'effet de groupe

Les dépenses impulsives peuvent aussi être influencées par notre entourage. Un après-midi, alors que je prenais un café avec des amis, l'un d'entre eux m'a montré sa nouvelle montre qu'il venait d'acheter. Immédiatement, je me suis senti envieux et j'ai ressenti le besoin d'en acheter une moi-même. J'ai fini par dépenser une somme importante pour une montre que je ne portais presque jamais.

Dans ces moments-là, il est important de se rappeler que nous sommes les seuls maîtres de nos finances et que notre succès ne dépend pas de la comparaison avec les autres. Les dépenses impulsives ne sont pas un moyen de combler un vide, mais plutôt un piège qui nous empêche d'atteindre nos objectifs financiers.

L'illusion du bonheur immédiat

Les dépenses impulsives sont souvent motivées par la recherche du bonheur immédiat. Nous avons tendance à croire que posséder un objet ou vivre une expérience spécifique nous rendra heureux. Toutefois, ce bonheur est souvent éphémère et ne dure pas.

Un jour, j'ai décidé d'acheter un nouvel ordinateur portable pour remplacer mon ancien modèle, convaincu que cela me permettrait d'être plus productif. Malheureusement, quelques semaines après mon achat, je me suis rendu compte que l'ordinateur ne m'apportait pas autant de satisfaction que je l'espérais. Cet achat impulsif a fini par me coûter cher et n'a pas amélioré mon bien-être de manière durable.

Apprendre à dire non

Pour échapper aux pièges des dépenses impulsives, il est essentiel d'apprendre à dire non. Lorsque nous sommes confrontés à une dépense tentante, il est important de prendre un moment pour réfléchir aux conséquences de cet achat sur nos finances et notre bien-être à long terme. En développant cette habitude, nous devenons plus résistants face aux tentations et prenons des décisions financières plus sages.

Une stratégie efficace consiste à établir un délai de réflexion avant de réaliser un achat impulsif. Par exemple, si vous êtes tenté d'acheter un nouvel appareil électronique, attendez 24 heures ou même une semaine avant de prendre une décision. Pendant ce temps, évaluez si cet achat correspond réellement à vos besoins et à vos objectifs financiers.

Faire un budget et suivre ses dépenses

Un autre moyen efficace de lutter contre les dépenses impulsives est de créer et de suivre un budget. En allouant un montant spécifique pour chaque catégorie de dépenses, vous saurez exactement combien vous pouvez dépenser sans compromettre vos objectifs financiers. De plus, en suivant régulièrement vos dépenses, vous prendrez conscience de vos habitudes et pourrez les ajuster en conséquence.

Il est également important d'avoir une stratégie pour faire face aux imprévus et aux tentations. Par exemple, vous pouvez allouer un montant spécifique dans votre budget pour les dépenses non planifiées, afin d'éviter de déstabiliser vos finances en cas d'achat impulsif.

Ne pas céder à la pression sociale

Enfin, il est important de reconnaître l'influence de la pression sociale sur nos dépenses impulsives. Pour contrer cet effet, entourez-vous de personnes qui partagent vos valeurs financières et vos objectifs. Il est également utile de communiquer ouvertement avec votre entourage sur vos ambitions financières, afin qu'ils puissent vous soutenir dans votre démarche.

En définitive, la réussite financière passe par la maîtrise de nos dépenses impulsives. En prenant conscience des pièges qui nous entourent, en développant de bonnes habitudes financières et en adoptant un état d'esprit tourné vers nos objectifs, nous serons en mesure de préserver notre épargne sans nous priver des plaisirs de la vie. Après tout, la richesse véritable ne réside pas dans les possessions matérielles, mais dans la liberté et la sécurité que nous apporte une gestion financière saine et équilibrée.

Chapitre 8 : La méthode infaillible pour réduire vos frais inutiles

L'autre jour, j'étais assis dans mon salon, plongé dans mes pensées sur ma propre situation financière. Je me suis demandé comment j'avais réussi à réduire drastiquement mes frais inutiles au fil des ans. J'ai réalisé que la méthode que j'ai développée était infaillible et qu'il était temps de la partager avec vous.

La première étape : Faire un audit de ses dépenses

La première étape consiste à établir un état des lieux de vos dépenses. Vous devez savoir où va chaque centime que vous dépensez. Pour ce faire, répertoriez toutes vos dépenses sur une période d'un mois. Vous pouvez utiliser un simple cahier, un tableur ou une application dédiée pour suivre vos dépenses quotidiennes.

Une fois que vous avez collecté ces informations, classez-les en différentes catégories telles que les factures, les courses, les loisirs, etc. Cette étape vous permettra d'identifier rapidement les postes de dépenses superflues.

La deuxième étape : Établir des priorités

Maintenant que vous avez une vue d'ensemble de vos dépenses, il est temps d'établir des priorités. Quelles sont les dépenses essentielles et celles qui sont moins importantes ? Dressez une liste des dépenses par ordre de priorité, en mettant en avant les factures incompressibles telles que le loyer, les charges et les assurances.

Cette liste vous aidera à déterminer les dépenses que vous pouvez réduire ou éliminer pour optimiser votre budget.

La troisième étape : Négocier et renégocier

Un jour, lors d'une discussion avec un ami, il m'a confié qu'il avait réussi à réduire considérablement ses factures en négociant avec ses fournisseurs. J'ai donc décidé d'appliquer cette stratégie à mon propre budget. Vous seriez surpris de voir à quel point les fournisseurs sont prêts à revoir leurs tarifs pour conserver un client fidèle.

N'hésitez pas à contacter vos fournisseurs d'énergie, de télécommunications, d'assurances et autres services pour leur demander une réduction ou un meilleur tarif. Cela ne coûte rien d'essayer, et les économies réalisées peuvent être significatives.

La quatrième étape : Apprendre à dire non

Parfois, nous dépensons de l'argent inutilement simplement parce que nous avons du mal à dire non. Que ce soit pour un café entre amis, un cinéma ou un restaurant, ces sorties peuvent rapidement grever notre budget.

Apprenez à dire non et à proposer des alternatives moins coûteuses. Organiser un dîner chez soi, une soirée jeux de société ou une promenade en pleine nature peut s'avérer tout aussi agréable et bien moins onéreux.

La cinquième étape : Distinguer le besoin du désir

Lorsque j'étais plus jeune, je me souviens avoir succombé à de nombreuses dépenses impulsives, simplement parce que je n'arrivais pas à distinguer mes besoins réels de mes désirs passagers. Cette étape est cruciale pour réduire les frais inutiles.

Prenez le temps de réfléchir avant chaque achat : en ai-je vraiment besoin ou est-ce simplement un désir passager ? Vous pouvez même appliquer la règle des 24 heures, qui consiste à attendre 24 heures avant de procéder à un achat. Cela vous permettra de prendre du recul et d'évaluer si vous en avez réellement besoin.

La sixième étape : Faire preuve de créativité pour trouver des alternatives

Une fois que vous avez identifié les dépenses inutiles, il est temps de faire preuve de créativité pour trouver des alternatives moins coûteuses. Par exemple, au lieu d'acheter un café tous les matins, pourquoi ne pas investir dans une machine à café et préparer votre propre boisson à la maison ? Ou encore, au lieu de dépenser de l'argent dans une salle de sport, essayez de faire de l'exercice en plein air ou de suivre des cours en ligne gratuits.

N'hésitez pas à partager vos idées avec votre entourage et à vous inspirer de leurs astuces pour réduire les frais inutiles.

La septième étape : Fixer des objectifs et suivre ses progrès

Pour rester motivé et tenir le cap dans la réduction de vos dépenses, il est essentiel de fixer des objectifs concrets. Par exemple, vous pouvez vous fixer un objectif d'économiser une certaine somme d'argent chaque mois ou de réduire une dépense spécifique de X pourcent.

Suivez vos progrès régulièrement et récompensez-vous lorsque vous atteignez vos objectifs. Cela peut être un simple moment de détente, un petit plaisir ou un dîner en famille pour célébrer vos réussites.

La huitième étape : Adopter un état d'esprit positif et persévérant

Il est important d'adopter un état d'esprit positif et persévérant face aux défis que représente la réduction des frais inutiles. Vous rencontrerez sans doute des obstacles et des tentations, mais gardez à l'esprit que chaque effort compte et que vous êtes sur la bonne voie pour améliorer votre situation financière.

Restez concentré sur vos objectifs et n'oubliez pas de vous entourer de personnes qui partagent vos valeurs et vous soutiennent dans votre démarche.

En suivant cette méthode infaillible, vous serez en mesure de réduire vos frais inutiles et d'améliorer votre situation financière. La clé réside dans la discipline, la persévérance et la volonté de changer ses habitudes pour un avenir meilleur. N'oubliez pas que les petites économies réalisées au quotidien peuvent avoir un impact significatif sur votre budget à long terme.

Chapitre 9 : Optimiser vos dépenses quotidiennes

Le matin, comme d'habitude, je me levais tôt pour profiter d'une tasse de café fraîchement moulu. Assis sur la terrasse, je réfléchissais aux défis du jour à venir. La nuit dernière, je me souviens d'avoir reçu un appel de mon ami Stéphane, qui m'a avoué qu'il avait du mal à boucler ses fins de mois. Inspiré par son histoire, j'ai décidé de me concentrer sur un sujet essentiel : comment optimiser nos dépenses quotidiennes pour vivre mieux sans se ruiner.

D'abord, l'importance de planifier ses repas

Dans la vie, la nourriture est un élément incontournable, et pourtant, les dépenses liées à l'alimentation peuvent rapidement s'envoler si on ne les maîtrise pas. Un jour, j'ai rencontré un chef cuisinier à la retraite qui m'a confié son astuce : la planification des repas. En prévoyant ses menus à l'avance et en faisant une liste de courses précise, il est possible d'économiser considérablement sur les dépenses alimentaires tout en mangeant sainement et équilibré.

Ensuite, le transport : le covoiturage et les alternatives

Tous les jours, je vois des personnes seules dans leur voiture, coincées dans les embouteillages. Pourtant, il existe des alternatives pour optimiser ces trajets, comme le covoiturage ou les transports en commun. Un jour, j'ai fait la rencontre de Jean, un homme d'affaires qui m'a raconté comment il a réussi à réduire ses dépenses de transport de moitié grâce au covoiturage et à l'usage de sa bicyclette pour se rendre au travail. En plus d'économiser, il en profitait pour faire de l'exercice et lutter contre la pollution.

Puis, penser à économiser sur les factures d'énergie

L'énergie est une autre dépense importante dans notre quotidien. L'hiver dernier, un soir de tempête de neige, je discutais avec mon voisin d'en face qui se plaignait de sa facture de chauffage. Pourtant, il ignorait qu'avec quelques gestes simples comme l'isolation des fenêtres, la programmation du chauffage ou l'éteinte des appareils électriques en veille, il pouvait réduire significativement ses coûts énergétiques. Je l'ai aidé à mettre en place ces astuces, et depuis, il est ravi de voir sa facture baisser.

Les loisirs et les sorties : trouver le juste milieu

Tout travail mérite récompense, et il est essentiel de se divertir et de profiter de la vie. Toutefois, il est possible de le faire sans pour autant dépenser des sommes folles. Je me souviens d'un été, lors d'une fête entre amis, où l'un d'eux m'a confié qu'il avait décidé de remplacer ses sorties au restaurant par des soirées chez lui, en invitant ses proches à partager un bon repas. Non seulement il faisait des économies, mais il resserrait également les liens avec ceux qui lui étaient chers.

Les abonnements : à étudier de près

Nous vivons dans une société d'abonnements, que ce soit pour la téléphonie, les plateformes de streaming ou les salles de sport. Or, il est parfois difficile de faire le tri et de déterminer quels abonnements sont réellement nécessaires. Un après-midi, alors que je discutais avec mon ami Paul, il m'a raconté qu'il s'était rendu compte qu'il payait pour des services qu'il n'utilisait même pas. Suite à cette prise de conscience, il a entrepris de faire le tri dans ses abonnements et a pu économiser une somme non négligeable chaque mois.

Gérer les achats impulsifs

Enfin, un dernier élément essentiel pour optimiser ses dépenses quotidiennes est de résister aux achats impulsifs. Il m'est arrivé, comme à chacun, de succomber à la tentation d'un achat non planifié, simplement parce qu'un produit m'attirait ou qu'une offre promotionnelle semblait alléchante. Cependant, j'ai rapidement réalisé que la plupart de ces achats étaient superflus et me faisaient dépenser de l'argent inutilement. Depuis, j'ai appris à prendre le temps de réfléchir avant de sortir mon portefeuille et je résiste mieux à l'appel des sirènes de la consommation.

En conclusion, optimiser ses dépenses quotidiennes n'est pas une mission impossible. Il suffit d'adopter quelques bonnes pratiques, d'être vigilant et de faire preuve de discipline pour y parvenir. En suivant ces conseils et en les adaptant à vos propres besoins, vous verrez rapidement les bénéfices sur votre compte en banque et pourrez vous concentrer sur l'essentiel : vivre une vie épanouissante sans vous priver.

Et maintenant, alors que je finis ma tasse de café, je me réjouis à l'idée de partager ces astuces avec Stéphane et de l'aider à améliorer sa situation financière. Car, après tout, c'est en partageant nos connaissances et nos expériences que nous grandissons et progressons ensemble.

Chapitre 10 : Profiter des offres et promotions sans compromettre votre budget

L'autre jour, alors que je déambulais dans les rayons d'un supermarché, une affiche publicitaire a attiré mon attention. Une promotion alléchante, mais cela m'a rappelé combien il peut être difficile de résister à la tentation des offres et promotions. Pourtant, il est tout à fait possible de profiter de ces opportunités sans compromettre son budget.

Organisez vos courses

Tout d'abord, la clé pour tirer parti des offres sans nuire à votre budget est de vous organiser. Avant de partir faire les courses, établissez une liste précise des produits dont vous avez réellement besoin. De cette façon, vous saurez exactement quoi chercher en magasin, ce qui vous permettra de rester concentré et d'éviter les dépenses impulsives.

Un jour, en discutant avec mon voisin Roger, il m'a confié qu'il avait adopté cette méthode et qu'elle avait grandement facilité ses achats. Non seulement il passait moins de temps à errer dans les allées, mais il était également plus enclin à repérer les offres pertinentes pour lui.

Comparez les prix

Un autre aspect important pour profiter des promotions sans dépasser son budget est de comparer les prix. Lorsque vous tombez sur une offre, ne vous précipitez pas sur le produit en question. Prenez le temps de vérifier s'il s'agit réellement d'une bonne affaire, en comparant les prix avec ceux des autres enseignes, ou en évaluant le coût au kilo ou au litre.

Je me souviens d'une conversation avec ma sœur, qui m'a raconté comment elle avait réussi à économiser une somme considérable en prenant simplement le temps de comparer les prix des différents supermarchés. Cette démarche lui a permis de repérer les vraies affaires et d'éviter de dépenser de l'argent inutilement.

Soyez attentif aux dates de péremption

Les offres et promotions sont souvent proposées sur des produits dont la date de péremption approche. Il est donc important de vérifier ces dates avant de faire un achat. N'oubliez pas non plus de prendre en compte vos habitudes de consommation et de ne pas acheter plus que ce que vous pourrez consommer avant la date limite.

Un ami m'a raconté comment il avait un jour été séduit par une offre sur des yaourts à la date de péremption proche. Il les avait achetés en grande quantité, pensant faire une bonne affaire, mais finalement, une grande partie des yaourts avait terminé à la poubelle, car il n'avait pas pu tous les consommer à temps.

Évitez les achats impulsifs

Même lorsque vous trouvez une offre intéressante, il est important de ne pas céder à la tentation des achats impulsifs. Avant de vous emparer d'un produit en promotion, demandez-vous si vous en avez réellement besoin et si cet achat correspond à vos priorités budgétaires.

Un collègue m'a raconté qu'il avait récemment succombé à la tentation d'acheter un appareil électroménager en promotion, même s'il n'en avait pas besoin. Il s'est finalement rendu compte qu'il aurait été préférable d'économiser cet argent pour d'autres dépenses plus importantes, comme les factures ou les frais médicaux imprévus. Il a donc appris à réfléchir davantage avant de se laisser tenter par les promotions.

Utilisez les applications et les cartes de fidélité

Les applications mobiles et les cartes de fidélité des magasins peuvent vous aider à profiter des offres et des promotions sans compromettre votre budget. Ces outils vous permettent de suivre les promotions et de cumuler des points à échanger contre des réductions ou des cadeaux.

Ma cousine, qui est une grande adepte de ces programmes de fidélité, m'a confié qu'ils lui permettaient de réaliser des économies importantes sur ses achats. Grâce à l'utilisation judicieuse de ces outils, elle parvient à optimiser son budget et à profiter des offres qui lui sont vraiment utiles.

Restez vigilant aux dépenses superflues

Enfin, pour profiter pleinement des offres et promotions sans mettre en péril votre budget, il est essentiel de rester vigilant aux dépenses superflues. Avant de vous laisser tenter par une offre, évaluez si le produit en question apporte une véritable valeur ajoutée à votre vie ou s'il s'agit simplement d'un caprice passager.

Un soir, en prenant un verre avec un ami, il m'a raconté comment il avait dû apprendre à contrôler ses dépenses impulsives pour éviter de gaspiller de l'argent. Désormais, il prend le temps de réfléchir à l'utilité réelle des produits en promotion et ne cède plus à la tentation des achats inutiles.

En résumé, pour profiter des offres et promotions sans compromettre votre budget, il est essentiel de vous organiser, de comparer les prix, de vérifier les dates de péremption, d'éviter les achats impulsifs, d'utiliser les applications et les cartes de fidélité et de rester vigilant aux dépenses superflues. En adoptant ces bonnes pratiques, vous serez en mesure de tirer le meilleur parti des promotions tout en préservant l'équilibre de votre budget.

Chapitre 11 : Renégocier intelligemment vos contrats et abonnements

L'autre jour, un de mes amis m'a raconté comment il avait réussi à économiser une somme considérable en renégociant intelligemment ses contrats et abonnements. Voici les étapes qu'il a suivies et que je vous recommande pour faire de même.

Faites le bilan de vos contrats et abonnements

La première étape pour renégocier intelligemment vos contrats et abonnements est de faire un bilan complet de vos engagements actuels. Listez tous vos contrats et abonnements en cours, qu'il s'agisse de services téléphoniques, d'assurances, d'abonnements à des plateformes de streaming, etc. Ensuite, examinez les termes et les conditions de chaque contrat pour déterminer s'il y a des marges de négociation.

Comparez les offres sur le marché

Une fois que vous avez établi la liste de vos contrats et abonnements, comparez les offres disponibles sur le marché. Mon ami a utilisé des comparateurs en ligne pour trouver les meilleures offres adaptées à ses besoins. Cela lui a permis de connaître les prix pratiqués par la concurrence et de mieux négocier avec ses fournisseurs actuels.

Contactez vos fournisseurs

Une fois que vous êtes bien informé sur les offres du marché, contactez vos fournisseurs actuels pour entamer la renégociation. Mon ami m'a expliqué qu'il avait adopté une attitude courtoise et respectueuse lors de ces appels. Il a également souligné qu'il était un client fidèle et qu'il souhaitait trouver une solution qui convienne à toutes les parties.

Négociez fermement, mais avec tact

Lorsque vous entamez la négociation, soyez ferme, mais tactful. Mon ami m'a donné l'exemple d'une négociation réussie avec son opérateur téléphonique : il a expliqué qu'il avait trouvé une offre plus avantageuse chez un concurrent, mais qu'il préférerait rester fidèle à son fournisseur actuel si ce dernier pouvait lui proposer une offre similaire. Cette approche a fonctionné et il a obtenu une réduction significative sur sa facture mensuelle.

Soyez prêt à changer de fournisseur

Dans certains cas, la renégociation peut ne pas aboutir à une offre satisfaisante. Dans ce cas, n'hésitez pas à changer de fournisseur. Mon ami m'a raconté qu'il avait dû changer d'assureur auto après avoir échoué à obtenir une réduction suffisante sur sa prime annuelle. La transition vers un nouveau fournisseur lui a finalement permis de réaliser d'importantes économies.

Revoyez régulièrement vos contrats et abonnements

La renégociation de vos contrats et abonnements ne doit pas être un événement ponctuel. Mon ami m'a confié qu'il vérifiait régulièrement ses engagements pour s'assurer qu'ils restaient adaptés à ses besoins et compétitifs sur le marché. Cette démarche proactive lui a permis de réaliser des économies supplémentaires au fil du temps.

En appliquant ces conseils, vous pourrez renégocier intelligemment vos contrats et abonnements et réaliser des économies considérables. Pour conclure ce chapitre, voici quelques réflexions et astuces supplémentaires pour vous aider dans ce processus.

Profitez des périodes de renouvellement

Les périodes de renouvellement de vos contrats sont souvent les moments les plus propices pour renégocier. Les fournisseurs sont plus enclins à offrir de meilleures conditions pour conserver leurs clients. Profitez de ces opportunités pour revoir et, si nécessaire, renégocier vos contrats.

Soyez à l'affût des promotions et des offres spéciales

Certains fournisseurs proposent régulièrement des offres promotionnelles pour attirer de nouveaux clients ou fidéliser leur clientèle existante. Restez informé de ces offres et n'hésitez pas à les mentionner lors de vos négociations. Cela peut donner un argument supplémentaire pour obtenir de meilleures conditions.

N'oubliez pas de négocier les services annexes

Lors de la renégociation de vos contrats et abonnements, n'oubliez pas de prendre en compte les services annexes qui pourraient être inclus. Par exemple, si vous renégociez votre abonnement à une salle de sport, demandez si des cours collectifs ou l'accès à un sauna sont inclus. Cela peut ajouter de la valeur à votre abonnement sans coûter davantage.

Restez organisé

Garder une trace de vos contrats et abonnements peut vous faciliter la tâche lors des renégociations. Utilisez un tableau ou un logiciel de gestion pour suivre les dates d'expiration et les conditions de vos contrats. Cela vous permettra d'être prêt à renégocier au bon moment et d'éviter des dépenses inutiles.

Parlez-en autour de vous

N'hésitez pas à partager vos expériences de renégociation avec votre entourage. Vous pourrez ainsi bénéficier des conseils et astuces de personnes ayant déjà réussi à obtenir de meilleures conditions pour leurs contrats et abonnements. De plus, cela peut créer une émulation et encourager vos proches à faire de même, ce qui contribuera à une meilleure maîtrise collective des dépenses.

En suivant ces conseils et en adoptant une démarche proactive et réfléchie, vous serez en mesure de renégocier intelligemment vos contrats et abonnements. Cela vous permettra non seulement de réaliser des économies significatives, mais aussi d'optimiser votre budget et de vous assurer que vos engagements répondent toujours à vos besoins et à vos attentes.

Chapitre 12 : Faire de vos achats un investissement durable

J'étais assis dans mon salon, réfléchissant à la manière dont j'avais transformé ma vie financière au fil des années. Je me souviens de cette époque où j'achetais compulsivement, sans me soucier de la durabilité de mes biens. Aujourd'hui, je suis heureux de partager avec vous comment j'ai réussi à changer ma vision des achats et à les considérer comme un véritable investissement durable.

Choisir la qualité plutôt que la quantité

Il est essentiel d'adopter une approche axée sur la qualité. Par le passé, je privilégiais souvent la quantité et les bonnes affaires. Je me suis rendu compte que ces produits bon marché finissaient généralement par s'user rapidement et devaient être remplacés. J'ai donc commencé à privilégier la qualité, même si cela signifiait dépenser un peu plus au départ. Finalement, cette décision m'a permis d'économiser de l'argent sur le long terme, car mes achats duraient plus longtemps.

Faire des recherches avant d'acheter

Avant de réaliser un achat important, j'ai appris à me renseigner sur les produits et les marques. Je lis les avis des clients, je consulte les forums spécialisés et je demande l'avis de mes proches. Cela m'aide à prendre des décisions éclairées et à choisir des produits réellement durables.

Penser à la valeur à long terme

Lorsque j'envisage un achat, je réfléchis désormais à la valeur qu'il apportera à ma vie sur le long terme. Par exemple, acheter un véhicule économe en carburant peut être un peu plus coûteux au départ, mais il me permet de réaliser des économies sur les coûts de carburant au fil du temps. De même, opter pour des meubles de qualité et durables peut représenter un investissement rentable à long terme.

Privilégier les achats éthiques et écologiques

J'ai également décidé d'accorder plus d'importance aux aspects éthiques et écologiques de mes achats. Je cherche à soutenir des entreprises responsables et à privilégier des produits respectueux de l'environnement. Cela me permet non seulement de faire des choix durables, mais aussi de contribuer à un monde meilleur.

Un jour, j'ai rencontré un ami qui m'a parlé de sa dernière acquisition : une machine à café en plastique bon marché. Il était ravi d'avoir déniché une telle affaire. Cependant, quelques mois plus tard, la machine a rendu l'âme. Mon ami a dû en acheter une nouvelle, ce qui lui a coûté plus cher au final. Ce genre de situations m'a fait prendre conscience de l'importance d'investir dans des produits durables et de qualité.

Acheter en fonction de vos besoins réels

Il est crucial d'évaluer nos besoins réels avant de réaliser un achat. Parfois, nous sommes tentés d'acheter des articles simplement parce qu'ils sont à la mode ou qu'ils nous font envie, sans réfléchir à leur utilité réelle. En apprenant à identifier et à prioriser mes besoins, j'ai pu éviter des achats impulsifs et inutiles.

Entretenir et réparer au lieu de remplacer

Un autre aspect essentiel pour faire de vos achats un investissement durable est d'apprendre à entretenir et à réparer vos biens. Au lieu de remplacer systématiquement un objet cassé ou usé, je me suis mis à chercher des solutions pour le réparer. Cela m'a permis de prolonger la durée de vie de mes biens et de réaliser des économies.

Se séparer intelligemment de ses biens

Lorsque vient le moment de me séparer d'un objet, je réfléchis à la meilleure manière de le faire. Plutôt que de simplement jeter un article dont je n'ai plus besoin, je cherche des solutions plus durables, comme le don, la revente ou le recyclage. Cela me permet de limiter mon impact environnemental et d'éviter le gaspillage.

Il y a quelques années, j'ai rencontré un homme qui possédait une vieille voiture en mauvais état. Il m'a expliqué qu'au lieu de la vendre pour une bouchée de pain, il l'avait restaurée lui-même, faisant de ce véhicule un investissement durable et une véritable source de fierté.

Pour conclure, faire de vos achats un investissement durable demande un changement de mentalité et une prise de conscience de l'importance de la qualité, de la durabilité et de l'éthique. En suivant ces conseils, vous pourrez optimiser vos dépenses, préserver l'environnement et contribuer à un monde meilleur, tout en profitant de biens durables et de qualité.

Accroître vos revenus grâce à des stratégies éprouvées

Chapitre 13 : Les secrets d'un investissement immobilier réussi

Lorsque j'ai décidé de me lancer dans l'investissement immobilier, je me suis rendu compte qu'il y avait énormément de choses à apprendre. Avec le temps et l'expérience, j'ai découvert quelques secrets qui m'ont permis de réussir mes investissements. Voici ce que je peux partager avec vous.

La recherche et l'analyse du marché

Le premier secret d'un investissement immobilier réussi réside dans la connaissance du marché. Avant de me lancer, j'ai passé beaucoup de temps à étudier les tendances du marché, les prix des biens immobiliers et les taux de location. J'ai également analysé les différents quartiers et les projets de développement à venir. Cette approche m'a permis de repérer les opportunités et d'éviter les pièges.

L'importance du bon emplacement

L'emplacement est un facteur clé dans la réussite d'un investissement immobilier. J'ai rapidement compris qu'un bien situé dans un quartier en plein essor ou à proximité des commodités était plus susceptible de générer un bon rendement. J'ai donc porté une attention particulière au choix de l'emplacement de mes investissements.

Un jour, un ami m'a raconté qu'il avait investi dans un immeuble situé dans une rue calme et paisible, à quelques pas des transports en commun et des commerces. Son investissement a été un succès, car les locataires étaient ravis de la situation géographique et étaient prêts à payer un loyer élevé.

Préparer son financement

Le financement est un aspect crucial de l'investissement immobilier. J'ai passé du temps à étudier les différentes options de financement et à établir un plan pour optimiser mon budget. En anticipant mes besoins, j'ai pu obtenir des prêts avantageux et gérer efficacement ma trésorerie.

Négocier intelligemment

La négociation est un art que j'ai dû apprendre pour réussir mes investissements immobiliers. L'objectif n'est pas seulement d'obtenir le meilleur prix, mais aussi de nouer de bonnes relations avec les vendeurs et les professionnels de l'immobilier. J'ai ainsi pu bénéficier de conseils avisés et d'opportunités intéressantes.

Être attentif aux détails

Lorsque je visite un bien immobilier, je suis très attentif aux détails et à la qualité de la construction. Je m'assure que le bien ne présente pas de vices cachés et que les travaux éventuels sont bien anticipés. Cette vigilance m'a évité de mauvaises surprises et m'a permis de faire des investissements rentables.

La gestion locative

Gérer un bien immobilier demande du temps et de l'organisation. J'ai vite compris l'importance d'assurer un suivi régulier de mes locataires et de mes biens. En restant attentif aux besoins de mes locataires et en effectuant les travaux d'entretien nécessaires, j'ai réussi à maximiser mes revenus locatifs.

Savoir s'entourer

Au fil de mes investissements, j'ai compris qu'il était essentiel de m'entourer de professionnels compétents pour m'aider à prendre les bonnes décisions. J'ai noué des relations avec des agents immobiliers, des avocats, des notaires et des experts en fiscalité. Leur expertise m'a été précieuse pour optimiser mes investissements et gérer les aspects juridiques et fiscaux.

La patience et la persévérance

L'investissement immobilier requiert de la patience et de la persévérance. Les opportunités ne se présentent pas toujours rapidement, et il est parfois nécessaire d'attendre le bon moment pour vendre ou acheter. J'ai appris à ne pas me précipiter et à rester patient pour profiter des meilleures opportunités.

Se former et s'informer

Pour réussir dans l'investissement immobilier, il est essentiel de se former et de s'informer régulièrement. J'ai lu de nombreux livres, participé à des conférences et suivi des formations pour enrichir mes connaissances. Cette démarche m'a permis de mieux comprendre les mécanismes de l'investissement immobilier et d'adapter ma stratégie en fonction des évolutions du marché.

Avoir une stratégie claire

Enfin, le dernier secret que je peux partager avec vous est d'avoir une stratégie claire et cohérente. Avant d'investir, je définis mes objectifs, ma tolérance au risque et les types de biens que je souhaite acquérir. Cette vision me permet de prendre des décisions réfléchies et d'optimiser mon portefeuille immobilier.

En conclusion, la réussite d'un investissement immobilier repose sur plusieurs facteurs. En étudiant le marché, en choisissant le bon emplacement, en préparant son financement et en étant attentif aux détails, il est possible de réaliser des investissements rentables. N'oubliez pas également de vous entourer de professionnels compétents, de vous former et d'adopter une stratégie claire. Avec de la patience et de la persévérance, vous serez en mesure de faire fructifier votre investissement et d'atteindre vos objectifs financiers.

Chapitre 14 : Créer des sources de revenus passifs

Un matin ensoleillé, je sirotais mon café sur la terrasse de mon appartement avec une vue imprenable sur la ville. Je me suis alors rappelé à quel point j'avais travaillé dur pour en arriver là. Pourtant, aujourd'hui, j'ai la chance de profiter de revenus passifs qui me permettent de vivre confortablement sans sacrifier ma qualité de vie. Dans ce chapitre, je partagerai avec vous les étapes que j'ai suivies pour créer des sources de revenus passifs et les leçons que j'ai tirées de cette expérience.

Découvrir les opportunités

Pour commencer, il faut identifier les différentes sources de revenus passifs qui s'offrent à vous. Voici quelques-unes des options que j'ai explorées au fil des ans : investissement immobilier, dividendes d'actions, placements financiers, création d'un blog ou d'un site web monétisé, droits d'auteur sur un livre, etc. Mon objectif était de diversifier mes sources de revenus pour réduire les risques.

Évaluer ses compétences et ses intérêts

J'ai rapidement compris que la clé du succès réside dans le choix des sources de revenus passifs qui correspondent le mieux à mes compétences et à mes intérêts. J'ai donc dressé la liste de mes forces et faiblesses et j'ai choisi les domaines dans lesquels je me sentais à l'aise. Par exemple, je me suis lancé dans l'investissement immobilier car j'avais de bonnes connaissances en gestion et en négociation.

Développer une stratégie

Une fois que j'ai identifié les opportunités qui me convenaient le mieux, j'ai élaboré une stratégie pour les exploiter. Pour cela, j'ai fixé des objectifs clairs et réalistes, et j'ai planifié les différentes étapes à suivre pour les atteindre. J'ai également pris en compte les ressources dont je disposais et les contraintes auxquelles je devais faire face.

Investir du temps et de l'argent

Créer des sources de revenus passifs nécessite généralement un investissement initial en termes de temps et d'argent. J'ai dû consacrer une partie de mes économies à mes projets et accepter de sacrifier quelques soirées et week-ends pour les mener à bien. Cependant, j'ai toujours gardé en tête que cet effort temporaire me permettrait de profiter d'une récompense durable.

Apprendre de ses erreurs

Au cours de mon parcours, j'ai commis des erreurs et j'ai dû faire face à des échecs. Mais plutôt que de baisser les bras, j'ai choisi d'en tirer des leçons pour améliorer ma stratégie et éviter de reproduire les mêmes erreurs. Par exemple, j'ai appris à mieux gérer les risques liés à l'investissement immobilier et à choisir des partenaires fiables pour mes projets en ligne.

S'adapter aux changements

Les sources de revenus passifs ne sont pas immuables, et il est essentiel de rester attentif aux évolutions du marché et aux nouvelles opportunités. J'ai régulièrement ajusté ma stratégie en fonction des tendances et des changements dans mon environnement professionnel et personnel. De plus, j'ai développé ma capacité à anticiper les éventuels obstacles et à réagir rapidement aux imprévus pour protéger mes investissements.

Automatiser et déléguer

Au fur et à mesure que mes sources de revenus passifs ont commencé à prospérer, j'ai cherché à automatiser certains processus et à déléguer certaines tâches pour gagner en efficacité et en productivité. Par exemple, j'ai fait appel à des gestionnaires immobiliers pour s'occuper de mes biens locatifs et à des rédacteurs pour alimenter mon blog avec du contenu de qualité. De cette manière, je me suis libéré du temps pour me consacrer à d'autres projets.

Suivre et optimiser ses résultats

Il est important de suivre régulièrement les performances de ses sources de revenus passifs pour s'assurer qu'elles continuent à générer des profits. J'ai mis en place des indicateurs clés de performance (KPI) pour évaluer la rentabilité de mes investissements et j'ai utilisé ces informations pour optimiser mes stratégies et prendre des décisions éclairées.

Réinvestir et diversifier

Pour accroître mes revenus passifs, j'ai réinvesti une partie de mes gains dans de nouvelles opportunités et j'ai continué à diversifier mon portefeuille. J'ai également exploré d'autres secteurs d'activité et élargi mon réseau professionnel pour me tenir informé des dernières tendances et innovations. Cela m'a permis de développer de nouvelles compétences et d'élargir mon horizon.

Être patient et persévérer

Enfin, la création de sources de revenus passifs demande de la patience et de la persévérance. Il est rare de réussir du premier coup, et il faut souvent attendre plusieurs mois, voire années, avant de voir les fruits de son travail. J'ai appris à rester motivé et à garder le cap, même lorsque les résultats tardaient à se concrétiser.

En conclusion, les secrets d'une réussite dans la création de sources de revenus passifs résident dans la capacité à identifier les bonnes opportunités, à élaborer une stratégie solide, à investir du temps et de l'argent, et à apprendre de ses erreurs. La clé est de rester flexible, à l'écoute des évolutions du marché et prêt à s'adapter aux changements. Avec de la patience et de la persévérance, vous pourrez vous aussi profiter des avantages qu'offrent les revenus passifs et améliorer votre qualité de vie.

Chapitre 15 : L'art de la négociation salariale pour augmenter vos revenus

J'ai toujours été passionné par l'art de la négociation. Mon père, un homme d'affaires prospère, m'a enseigné très tôt l'importance de connaître sa valeur et de défendre ses intérêts. Au fil des années, j'ai acquis de l'expérience et développé mon propre style de négociation. Aujourd'hui, je veux partager avec vous mon expérience et vous donner quelques conseils pour réussir votre négociation salariale.

Préparez-vous en amont

La clé d'une négociation réussie réside dans la préparation. Avant d'aborder la question de votre salaire avec votre employeur, il est crucial de vous renseigner sur les salaires du marché pour des postes similaires. Consultez des sites spécialisés, interrogez vos contacts professionnels et analysez les tendances du secteur. Ensuite, faites le bilan de vos compétences, de votre expérience et de votre contribution à l'entreprise pour déterminer votre valeur ajoutée.

Choisissez le bon moment

Il est essentiel de choisir le bon moment pour entamer une discussion sur votre salaire. Attendez une période propice, par exemple après avoir atteint un objectif important ou avoir contribué à un succès notable pour l'entreprise. Vous pouvez également saisir l'occasion lors de votre entretien annuel d'évaluation.

Adoptez une attitude positive et confiante

Lors de la négociation salariale, il est important d'afficher une attitude positive et confiante. Exprimez clairement vos attentes tout en restant ouvert à la discussion. N'oubliez pas que l'objectif est de trouver un accord satisfaisant pour les deux parties.

Misez sur la communication

Une communication efficace est primordiale dans toute négociation. Écoutez attentivement les arguments de votre interlocuteur, reformulez-les pour montrer que vous avez compris et posez des questions pour approfondir la discussion. Soyez précis dans vos demandes et expliquez pourquoi vous estimez mériter une augmentation.

Faites valoir vos atouts

Dans une négociation salariale, il est important de mettre en avant vos atouts et vos réalisations. Soulignez vos compétences uniques, votre expertise dans un domaine spécifique ou vos réussites professionnelles récentes. N'hésitez pas à donner des exemples concrets pour étayer vos propos et montrer votre valeur ajoutée.

Adoptez une approche flexible

Lorsque vous négociez votre salaire, il est essentiel d'être flexible et ouvert à différentes options. Si l'entreprise n'est pas en mesure de vous accorder l'augmentation salariale souhaitée, explorez d'autres formes de rémunération, telles que des avantages en nature, des bonus, des jours de congé supplémentaires ou des opportunités de formation. Cette approche vous permettra de montrer votre volonté de trouver un compromis et d'atteindre un accord gagnant-gagnant.

Apprenez à gérer les objections

Dans toute négociation, vous devrez faire face à des objections. Apprenez à les anticiper et préparez-vous à y répondre de manière constructive. Si votre interlocuteur évoque des contraintes budgétaires, demandez-lui s'il existe des solutions alternatives ou des perspectives d'évolution salariale à moyen terme. Si l'objection porte sur votre performance, prenez le temps de réfléchir à ces commentaires et de discuter de ce que vous pouvez améliorer.

Restez calme et professionnel

Gardez à l'esprit que la négociation salariale est une étape normale dans la vie professionnelle, et qu'il est important de rester calme et professionnel tout au long du processus. Évitez de laisser vos émotions prendre le dessus et concentrez-vous sur les faits et les arguments rationnels pour défendre votre position.

Ne vous précipitez pas

N'oubliez pas que la négociation peut prendre du temps. Ne vous précipitez pas pour accepter une offre qui ne vous convient pas parfaitement. Prenez le temps de réfléchir et de peser le pour et le contre de chaque proposition. Vous pouvez également demander un délai de réflexion pour examiner attentivement l'offre de votre employeur avant de prendre une décision.

Sachez quand conclure

Il est important de savoir quand il est temps de conclure la négociation. Si vous avez obtenu une offre qui vous semble satisfaisante et que vous avez exploré toutes les options possibles, n'hésitez pas à accepter et à conclure l'accord. Cependant, si vous sentez que vous n'avez pas obtenu ce que vous méritez, vous pouvez décider de reprendre les discussions ultérieurement ou de chercher d'autres opportunités professionnelles.

En fin de compte, l'art de la négociation salariale consiste à trouver un juste équilibre entre la défense de vos intérêts et la recherche d'un accord mutuellement bénéfique avec votre employeur. En adoptant une approche bien préparée, flexible et axée sur la communication, vous serez en mesure d'augmenter vos revenus et de mieux appréhender votre avenir professionnel.

Rappelez-vous que chacun de ces conseils est issu de mon expérience personnelle et de mes observations. La clé du succès réside dans la capacité à adapter ces recommandations à votre situation spécifique et à développer votre propre style de négociation. En maîtrisant cet art, vous pourrez non seulement augmenter vos revenus, mais également renforcer votre confiance en vous et vos compétences en communication, ce qui vous sera bénéfique dans de nombreux aspects de votre vie.

Chapitre 16 : Se lancer dans l'entrepreneuriat à moindre risque

Je me souviens du jour où j'ai décidé de franchir le pas et de me lancer dans l'entrepreneuriat. L'excitation et la peur étaient omniprésentes, mais je savais que je devais minimiser les risques pour assurer le succès de mon entreprise. Voici quelques conseils que j'ai appris au fil des années pour vous aider à vous lancer dans l'entrepreneuriat avec un minimum de risques.

Testez votre idée

Avant de vous lancer, prenez le temps de valider votre idée d'entreprise. Cela peut inclure la réalisation d'une étude de marché, l'analyse de la concurrence et la collecte de feedback auprès de clients potentiels. Cela vous permettra de vous assurer que votre concept répond à un besoin réel et vous aidera à déterminer si votre idée est viable.

Construisez un business plan solide

Un business plan bien conçu vous permettra de définir clairement votre vision, vos objectifs et les étapes nécessaires pour les atteindre. Il vous aidera également à anticiper les défis et les opportunités qui pourraient se présenter en cours de route. En outre, un business plan convaincant est souvent nécessaire pour obtenir un financement ou des partenariats.

Démarrez petit

Plutôt que de vous lancer à corps perdu dans une entreprise à grande échelle, commencez par créer une version plus petite de votre projet. Cela vous permettra de tester votre produit ou service, d'ajuster votre stratégie et d'apprendre de vos erreurs avant d'investir davantage de temps et d'argent.

Gardez vos dépenses sous contrôle

L'une des clés pour minimiser les risques dans l'entrepreneuriat est de maîtriser vos dépenses. Établissez un budget réaliste et suivez-le de près pour éviter de vous retrouver en difficulté financière. Apprenez à distinguer les dépenses indispensables de celles qui sont superflues et soyez prêt à faire des sacrifices si nécessaire.

Cherchez des financements alternatifs

Il est possible de financer votre entreprise sans pour autant mettre en péril vos économies personnelles. Envisagez des options telles que les prêts d'honneur, les subventions, les partenariats stratégiques ou le financement participatif pour limiter les risques financiers.

Créez un réseau solide

L'importance d'un réseau professionnel solide ne saurait être sous-estimée. Entourez-vous de personnes qui partagent vos valeurs et qui pourront vous offrir des conseils, du soutien et des opportunités de collaboration. Participez à des événements de réseautage et échangez avec d'autres entrepreneurs pour apprendre de leurs expériences.

Soyez adaptable

Dans le monde de l'entrepreneuriat, rien n'est jamais figé. Les marchés, les technologies et les besoins des clients évoluent constamment. Pour minimiser les risques, vous devez être prêt à vous adapter et à ajuster votre stratégie en conséquence. Soyez ouvert aux feedbacks et aux critiques constructives pour vous améliorer continuellement.

Ne négligez pas votre développement personnel

En tant qu'entrepreneur, vous êtes le moteur de votre entreprise. Il est donc crucial de continuer à vous développer sur les plans professionnel et personnel. Participez à des formations, lisez des livres et apprenez de vos pairs pour vous assurer que vous restez à la pointe de votre domaine et que vous êtes capable de prendre des décisions éclairées.

Évaluez régulièrement les risques

N'attendez pas qu'un problème survienne pour agir. Faites régulièrement le point sur les risques potentiels auxquels votre entreprise est confrontée et mettez en place des plans d'action pour les atténuer. En étant proactif, vous serez mieux préparé à faire face aux obstacles et aux défis qui se présenteront.

Préparez-vous à l'échec

Même avec la meilleure préparation et planification, il est possible que votre entreprise ne réussisse pas. Accepter cette possibilité vous permettra de mieux vous préparer à affronter les difficultés et de prendre des décisions plus réfléchies. Si l'échec survient, tirez-en des leçons et utilisez cette expérience pour vous renforcer et vous améliorer.

En conclusion, se lancer dans l'entrepreneuriat à moindre risque demande du temps, de l'effort et une bonne dose de stratégie. En mettant en pratique ces conseils, vous pourrez vous lancer avec davantage de confiance et augmenter vos chances de succès.

Un soir, lors d'une réunion d'entrepreneurs, j'ai rencontré Paul, un homme qui venait de créer sa propre start-up. Il était nerveux à l'idée de se lancer, mais après avoir discuté avec lui et échangé sur nos expériences respectives, j'ai pu le rassurer. Les conseils que je lui ai donnés l'ont aidé à avancer dans son projet avec assurance et à minimiser les risques liés à son entreprise. Cela m'a rappelé à quel point il est essentiel de partager nos connaissances et d'apprendre les uns des autres pour réussir dans l'univers de l'entrepreneuriat.

Suivez ces conseils, restez à l'écoute de votre marché et de votre environnement, et n'oubliez pas que vous n'êtes pas seul dans cette aventure. L'entrepreneuriat est un chemin semé d'embûches, mais en étant bien préparé et en prenant des décisions éclairées, vous pourrez minimiser les risques et maximiser vos chances de succès.

Chapitre 17 : Diversifier vos placements financiers

L'autre jour, j'étais dans un café, discutant avec un ami de nos objectifs financiers respectifs. Il m'a confié qu'il souhaitait se lancer dans les placements financiers, mais ne savait pas par où commencer. Je lui ai alors expliqué l'importance de diversifier ses investissements pour réduire les risques et optimiser ses gains. Voici un résumé de nos échanges, qui vous sera certainement utile si vous êtes dans la même situation.

Comprendre les différents types de placements financiers

Avant de vous lancer dans la diversification, il est crucial de connaître les différentes options qui s'offrent à vous en matière de placements financiers. Les actions, les obligations, les fonds d'investissement et l'immobilier ne sont que quelques exemples d'instruments financiers auxquels vous pouvez avoir accès. Renseignez-vous sur les avantages et les inconvénients de chaque type d'investissement pour évaluer leur pertinence par rapport à vos objectifs.

Déterminer votre profil de risque

Votre appétit pour le risque jouera un rôle essentiel dans la façon dont vous diversifierez vos placements. Si vous êtes plutôt prudent, vous pourriez privilégier des investissements moins risqués, tels que les obligations d'État ou les fonds d'investissement conservateurs. En revanche, si vous êtes prêt à prendre des risques plus élevés pour des gains potentiels plus importants, vous pourriez opter pour des actions ou des placements dans des entreprises à forte croissance.

Établir un plan d'investissement

Un plan d'investissement solide est la clé de la réussite financière. Fixez-vous des objectifs clairs, tels que la constitution d'un capital pour la retraite ou le financement des études de vos enfants, et déterminez les montants et les échéances nécessaires pour les atteindre. Ensuite, répartissez vos investissements en fonction de votre profil de risque et des différents types de placements disponibles.

Ne pas mettre tous ses œufs dans le même panier

Diversifier vos placements signifie répartir votre argent entre différents investissements afin de limiter les risques. Si l'un d'entre eux ne donne pas les résultats escomptés, les autres pourront compenser les pertes. Investir dans différents secteurs, régions géographiques ou types d'actifs vous permettra de réduire l'impact des fluctuations du marché sur votre portefeuille.

Faire preuve de patience

La diversification est une stratégie d'investissement à long terme. Il est donc essentiel de faire preuve de patience et de ne pas céder à la tentation de vendre vos placements au moindre signe de volatilité. Le marché connaît des hauts et des bas, et certains de vos investissements pourraient prendre du temps avant de générer des rendements. N'oubliez pas que l'important est de rester concentré sur vos objectifs à long terme.

Réévaluer régulièrement votre portefeuille

Les conditions du marché changent, et il est possible que certains de vos investissements ne soient plus en adéquation avec vos objectifs ou votre profil de risque. Il est donc important de revoir régulièrement votre portefeuille pour vous assurer qu'il reste équilibré et en phase avec vos ambitions. N'hésitez pas à consulter un professionnel pour obtenir des conseils et vous aider à ajuster votre stratégie si nécessaire.

Profiter de l'effet de levier fiscal

La diversification de vos placements financiers peut également vous permettre de bénéficier d'avantages fiscaux. En fonction de votre situation personnelle et du pays dans lequel vous vivez, certains investissements, tels que les plans d'épargne retraite ou les dispositifs d'investissement dans les PME, peuvent vous offrir des réductions d'impôts intéressantes. Prenez le temps de vous renseigner sur les opportunités fiscales qui s'offrent à vous et intégrez-les à votre stratégie d'investissement.

Utiliser la technologie à votre avantage

La technologie a facilité l'accès aux marchés financiers et la gestion des investissements. Les plateformes en ligne et les applications mobiles vous permettent de suivre facilement l'évolution de votre portefeuille et d'accéder à des analyses et des conseils d'experts. N'hésitez pas à tirer profit de ces outils pour gérer efficacement votre stratégie de diversification.

En somme, la diversification des placements financiers est une étape cruciale pour optimiser vos investissements et atteindre vos objectifs financiers. En adoptant une approche équilibrée et en faisant preuve de patience, vous mettrez toutes les chances de votre côté pour réussir. N'oubliez pas que chaque situation est unique et que les conseils présentés dans ce chapitre ne constituent qu'un point de départ. Pour élaborer une stratégie personnalisée, n'hésitez pas à consulter un professionnel de la finance.

Un jour, j'ai rencontré un homme qui avait réussi à diversifier ses placements de manière optimale. Il avait commencé par investir dans des actions, puis avait diversifié ses placements en incluant des obligations et de l'immobilier. Grâce à cette stratégie, il a pu traverser les fluctuations du marché sans trop de perturbations et atteindre ses objectifs financiers avec succès. Son parcours illustre bien l'importance de la diversification pour garantir la stabilité et la croissance de votre portefeuille d'investissements.

Ne sous-estimez pas l'importance de vous éduquer financièrement et d'être bien informé sur les différentes options d'investissement. Le succès en matière de diversification ne vient pas par hasard, mais plutôt grâce à un travail assidu, de la persévérance et, bien sûr, une solide stratégie financière.

Chapitre 18 : Tirer profit de la fiscalité à votre avantage

Lorsque j'ai commencé à m'intéresser à la fiscalité, je ne m'attendais pas à ce qu'elle puisse avoir un impact si significatif sur mes finances personnelles. À force d'explorer les différentes stratégies et opportunités fiscales, j'ai réalisé qu'il était possible de tirer profit de la fiscalité à mon avantage et ainsi optimiser ma situation financière. Dans ce chapitre, je partagerai avec vous des conseils pour vous aider à mieux comprendre la fiscalité et à en tirer profit.

Apprenez les bases de la fiscalité

Il est crucial de comprendre les bases de la fiscalité dans votre pays. Chaque pays possède ses propres lois et régulations fiscales, et il est essentiel de vous familiariser avec celles qui s'appliquent à vous. Informez-vous sur les différents types d'impôts, les déductions et les crédits d'impôts auxquels vous avez droit, ainsi que les obligations fiscales associées à vos revenus et placements.

Faites appel à un conseiller fiscal

Un conseiller fiscal peut être un atout précieux pour vous aider à optimiser votre situation fiscale. Ces professionnels sont spécialisés dans l'interprétation des lois fiscales et peuvent vous fournir des conseils personnalisés pour minimiser votre charge fiscale. Ne considérez pas leur service comme une dépense, mais plutôt comme un investissement qui peut vous faire économiser de l'argent à long terme.

Un jour, j'ai rencontré Paul, un entrepreneur prospère qui m'a raconté comment un conseiller fiscal lui avait permis d'économiser des milliers d'euros en optimisant sa fiscalité. Grâce aux conseils de cet expert, Paul a pu réorganiser sa structure d'entreprise et profiter des avantages fiscaux liés à son secteur d'activité.

Profitez des avantages fiscaux liés à l'épargne et l'investissement

De nombreux pays proposent des avantages fiscaux pour encourager l'épargne et l'investissement. Renseignez-vous sur les dispositifs existants, tels que les plans d'épargne retraite, les comptes d'épargne exonérés d'impôt ou les dispositifs d'investissement dans les PME. En tirant parti de ces dispositifs, vous pouvez optimiser vos investissements et réduire votre charge fiscale.

Planifiez vos revenus

Une planification minutieuse de vos revenus peut vous aider à minimiser votre charge fiscale. Il est souvent possible de reporter certains revenus à une année ultérieure, lorsque votre taux d'imposition pourrait être plus faible, ou d'accélérer certaines dépenses déductibles pour réduire votre revenu imposable. Analysez attentivement vos revenus et dépenses pour déterminer la meilleure stratégie pour votre situation personnelle.

Réduisez votre charge fiscale grâce à la philanthropie

La philanthropie peut également vous permettre de réduire votre charge fiscale. De nombreux pays offrent des déductions d'impôts pour les dons effectués à des organisations caritatives ou à but non lucratif. En faisant des dons à ces organismes, vous pouvez non seulement contribuer à des causes qui vous tiennent à cœur, mais également profiter d'avantages fiscaux.

Explorez les avantages fiscaux liés à l'immobilier

L'immobilier est un secteur qui offre souvent de nombreux avantages fiscaux. Renseignez-vous sur les déductions et crédits d'impôts spécifiques à l'immobilier dans votre pays. Par exemple, il est courant de pouvoir déduire les intérêts d'emprunt, les frais de gestion et les travaux d'amélioration de votre bien immobilier. De plus, l'investissement locatif peut vous permettre de générer des revenus tout en bénéficiant d'un régime fiscal avantageux.

Un de mes amis, Nicolas, investisseur immobilier, a su tirer profit de la fiscalité pour maximiser ses rendements. En s'associant avec un expert-comptable, il a mis en place une stratégie fiscale qui lui permet d'amortir son bien immobilier et de bénéficier d'un allègement fiscal significatif.

Tirez parti des crédits d'impôts pour les dépenses liées à la formation et l'éducation

La formation et l'éducation peuvent également vous offrir des avantages fiscaux. Renseignez-vous sur les crédits d'impôts et déductions disponibles pour les frais de formation professionnelle ou pour les dépenses liées à l'éducation de vos enfants. Ces dispositifs peuvent vous aider à réduire votre charge fiscale tout en investissant dans votre avenir et celui de votre famille.

Optimisez votre fiscalité en cas de mariage ou de partenariat civil

Le mariage ou le partenariat civil peuvent avoir un impact significatif sur votre situation fiscale. Dans certains pays, les couples mariés ou pacsés bénéficient d'avantages fiscaux, tels que l'abattement sur les donations entre conjoints ou la possibilité de déclarer conjointement leurs revenus. Prenez le temps de comprendre les conséquences fiscales de votre situation matrimoniale et d'optimiser votre fiscalité en conséquence.

Planifiez votre succession

La planification successorale est essentielle pour minimiser les droits de succession et garantir que vos proches bénéficient de votre héritage dans les meilleures conditions. Consultez un professionnel pour vous aider à mettre en place une stratégie adaptée à votre situation familiale et patrimoniale, et permettant d'optimiser la transmission de vos biens.

En appliquant ces conseils, vous serez en mesure de tirer profit de la fiscalité à votre avantage et d'optimiser votre situation financière. Rappelez-vous que la fiscalité est un domaine complexe et en constante évolution. Il est donc crucial de vous tenir informé des nouveautés législatives et de vous entourer de professionnels pour vous guider dans vos choix.

Gérer vos finances personnelles comme un pro

Chapitre 19 : Les outils incontournables pour suivre votre budget

Je me souviens de l'époque où je passais des heures à essayer de comprendre mon budget et à suivre mes dépenses avec un simple cahier et un crayon. Heureusement, les temps ont changé et de nombreux outils formidables ont vu le jour pour faciliter cette tâche. Dans ce chapitre, je partagerai les outils incontournables pour suivre votre budget efficacement.

Les applications de suivi des dépenses

Les applications de suivi des dépenses sont un must pour tous ceux qui souhaitent garder un œil sur leurs finances. Ces applications vous permettent de catégoriser vos dépenses, de suivre vos transactions et de surveiller vos habitudes de consommation. J'ai découvert une application qui a complètement changé ma façon de gérer mon budget. Grâce à ses fonctionnalités intuitives, je peux facilement identifier où va mon argent et ajuster mes habitudes en conséquence.

Les tableurs

Les tableurs sont des outils puissants pour analyser et organiser vos données financières. Vous pouvez les utiliser pour créer des modèles de budget personnalisés, suivre vos revenus et vos dépenses et planifier vos objectifs financiers à long terme. J'aime particulièrement utiliser les tableurs pour analyser les tendances de mes dépenses et comparer mes performances budgétaires d'un mois à l'autre.

Les agrégateurs de comptes bancaires

Les agrégateurs de comptes bancaires sont des outils qui vous permettent de consolider toutes vos informations financières en un seul endroit. Ils peuvent vous aider à avoir une vision globale de vos finances, à surveiller vos soldes bancaires et à suivre vos objectifs d'épargne. J'ai été surpris de voir à quel point il est pratique d'avoir toutes mes données financières accessibles en un seul coup d'œil.

Les logiciels de comptabilité personnelle

Les logiciels de comptabilité personnelle sont conçus pour vous aider à gérer vos finances de manière structurée et organisée. Ils peuvent vous aider à suivre vos revenus, dépenses, actifs et passifs, et à générer des rapports détaillés sur votre situation financière. Je me suis rendu compte que l'utilisation d'un logiciel de comptabilité personnelle m'a permis de mieux comprendre ma situation financière et de prendre des décisions éclairées pour atteindre mes objectifs.

Les outils de budgétisation basés sur la méthode des enveloppes

La méthode des enveloppes consiste à diviser votre budget en différentes catégories et à attribuer un montant spécifique à chaque catégorie. Des outils spécifiques sont conçus pour faciliter la mise en œuvre de cette méthode, tels que des applications ou des enveloppes physiques. Cette méthode m'a appris à être plus discipliné dans mes dépenses et à éviter de dépasser mon budget.

Les alertes et notifications

Configurer des alertes et notifications liées à vos finances peut être un excellent moyen de rester informé et de réagir rapidement en cas de problème. Par exemple, vous pouvez recevoir des notifications lorsque vos dépenses approchent du seuil fixé pour une catégorie spécifique de votre budget. Ces alertes m'ont aidé à être plus vigilant dans la gestion de mon budget et à éviter les mauvaises surprises.

Les outils de visualisation de données financières

Les outils de visualisation de données financières peuvent vous aider à mieux comprendre vos finances en transformant vos données chiffrées en graphiques et tableaux faciles à comprendre. En ayant une vision claire de la répartition de mes dépenses et de mes sources de revenus, j'ai pu identifier les domaines où je devais ajuster mon budget et concentrer mes efforts pour améliorer ma situation financière.

Les outils de planification financière

Les outils de planification financière sont conçus pour vous aider à définir et atteindre vos objectifs financiers à court et long terme. Qu'il s'agisse de rembourser vos dettes, d'économiser pour un achat important ou de préparer votre retraite, ces outils peuvent vous fournir des conseils personnalisés pour élaborer une stratégie adaptée à votre situation. Grâce à ces outils, j'ai pu mettre en place un plan solide pour atteindre mes objectifs financiers et rester motivé tout au long du processus.

Les forums et groupes de discussion en ligne

Rejoindre des forums et groupes de discussion en ligne peut être un excellent moyen d'apprendre de l'expérience des autres et de partager vos propres connaissances en matière de finances personnelles. J'ai tiré profit de la sagesse collective et des conseils pratiques de personnes ayant fait face à des défis financiers similaires aux miens.

Les services de coaching financier

Si vous avez besoin d'un soutien personnalisé pour gérer votre budget et atteindre vos objectifs financiers, vous pouvez envisager de faire appel à un coach financier. Ces professionnels sont formés pour vous aider à surmonter les obstacles financiers et à mettre en place des stratégies pour améliorer votre situation financière. J'ai pu bénéficier des conseils d'un coach financier pour m'aider à mieux comprendre mes finances et à prendre des décisions éclairées pour mon avenir.

Chacun de ces outils a sa propre manière de faciliter la gestion de votre budget et de vous aider à atteindre vos objectifs financiers. N'hésitez pas à expérimenter différents outils pour trouver ceux qui conviennent le mieux à votre situation et à vos besoins spécifiques. Rappelez-vous que le but ultime est de vous aider à garder le contrôle de vos finances et à construire un avenir financier prospère.

Chapitre 20 : Comment préparer et anticiper les imprévus financiers

Il y a quelques années, je me suis retrouvé dans une situation financière compliquée. Un incident imprévu avait engendré des dépenses importantes, et je n'étais pas prêt à y faire face. Ce moment de ma vie m'a appris une leçon cruciale : il est essentiel de préparer et d'anticiper les imprévus financiers. Voici les stratégies que j'ai mises en place pour éviter que de telles situations ne se reproduisent.

Constituer un fonds d'urgence

Le fonds d'urgence est une réserve d'argent que l'on constitue pour faire face aux imprévus, tels que la perte d'emploi, une urgence médicale ou une réparation imprévue. J'ai commencé par économiser l'équivalent de trois mois de dépenses essentielles, puis je me suis fixé un objectif plus ambitieux : six mois de dépenses.

Souscrire à une assurance adaptée

Une assurance adéquate peut vous protéger financièrement en cas d'imprévus. J'ai donc examiné attentivement mes contrats d'assurance habitation, automobile et santé pour m'assurer qu'ils offraient une protection suffisante en cas de sinistre. J'ai également souscrit une assurance vie et une assurance invalidité pour garantir la sécurité financière de ma famille en cas de problème.

Diversifier mes sources de revenus

Ne pas dépendre d'une seule source de revenus peut vous aider à surmonter plus facilement les imprévus financiers. J'ai donc commencé à diversifier mes sources de revenus en investissant dans des actions, des obligations et des biens immobiliers locatifs. J'ai également développé des compétences dans le domaine de la consultation, ce qui m'a permis de gagner de l'argent en dehors de mon emploi principal.

Établir un budget flexible

Un budget flexible vous permet d'ajuster rapidement vos dépenses en cas d'imprévus financiers. J'ai appris à identifier les postes de dépenses modifiables dans mon budget, tels que les sorties, les vacances ou les loisirs. En cas de besoin, je peux ainsi réduire ces dépenses pour absorber un choc financier sans mettre en péril mon équilibre budgétaire.

Rester informé sur les évolutions économiques

Garder un œil sur les tendances économiques peut vous aider à anticiper les imprévus financiers et à prendre des décisions éclairées. J'ai pris l'habitude de lire régulièrement les actualités économiques et de suivre l'évolution des marchés financiers. Cette veille m'a permis de mieux comprendre les risques économiques et de mieux anticiper les éventuelles fluctuations de mes revenus et dépenses.

Planifier à long terme

Établir des objectifs financiers à long terme et élaborer un plan pour les atteindre m'a aidé à anticiper les imprévus financiers et à me préparer à y faire face. J'ai identifié les étapes clés de ma vie, comme l'achat d'une maison, le financement des études de mes enfants ou ma retraite, et j'ai mis en place des stratégies pour les financer.

Maintenir un dialogue ouvert avec les proches

Discuter ouvertement de ses finances avec ses proches peut aider à anticiper les imprévus financiers et à trouver des solutions ensemble. J'ai appris à partager mes préoccupations financières avec ma famille et mes amis proches, ce qui a renforcé notre soutien mutuel et notre capacité à affronter les difficultés financières ensemble.

Se former et améliorer ses compétences financières

Plus on maîtrise les notions financières, mieux on est préparé à anticiper et gérer les imprévus financiers. J'ai suivi des formations en ligne, lu des livres et participé à des ateliers pour améliorer mes compétences en matière de gestion financière. Cette éducation m'a permis de prendre des décisions plus éclairées et d'être plus confiant dans la gestion de mon argent.

Rester vigilant et apprendre de ses erreurs

Les imprévus financiers sont parfois inévitables, mais il est essentiel d'apprendre de ses erreurs et de rester vigilant pour éviter de les reproduire. J'ai analysé les situations financières difficiles que j'ai vécues et j'ai identifié les mesures que je pouvais prendre pour prévenir de futurs problèmes.

Adopter un mode de vie responsable

Enfin, adopter un mode de vie responsable, en veillant à dépenser moins que ce que l'on gagne et en évitant les dettes inutiles, est un moyen efficace de préparer et d'anticiper les imprévus financiers. J'ai revu mes habitudes de consommation et j'ai pris des mesures pour vivre en-dessous de mes moyens, ce qui m'a permis d'économiser davantage et de réduire mon niveau de stress financier.

En appliquant ces conseils, j'ai pu renforcer ma résilience financière et être mieux préparé à faire face aux imprévus financiers. Il est important de se rappeler que la préparation et l'anticipation sont les clés pour surmonter les obstacles financiers et atteindre une sécurité financière durable.

Chapitre 21 : Les secrets d'une gestion de patrimoine efficace

Au fil des années, j'ai exploré et expérimenté diverses stratégies pour gérer mon patrimoine de manière efficace. À travers mes propres succès et échecs, ainsi que ceux d'autres personnes, j'ai découvert certains secrets qui m'ont aidé à maximiser mon potentiel financier et à atteindre mes objectifs. Dans ce chapitre, je partagerai avec vous ces secrets qui peuvent transformer votre gestion de patrimoine.

La connaissance de soi

L'un des premiers secrets que j'ai découverts est l'importance de bien se connaître. Prendre conscience de ses objectifs, ses besoins et ses tolérances au risque est crucial pour élaborer une stratégie de gestion de patrimoine adaptée. Plus je m'efforce de comprendre mon profil financier, plus mes décisions sont alignées sur mes valeurs et mes aspirations.

L'importance de la planification

La planification est un élément essentiel pour une gestion efficace de votre patrimoine. J'ai appris à définir des objectifs clairs et mesurables et à élaborer un plan détaillé pour les atteindre. La planification m'a permis d'organiser mes finances et de suivre mes progrès, tout en me donnant la flexibilité d'ajuster mon approche si nécessaire.

La diversification des investissements

Investir de manière diversifiée est un autre secret que j'ai appris à maîtriser. En répartissant mes investissements sur différents types d'actifs et de marchés, j'ai pu réduire les risques et optimiser mes rendements. Cette approche m'a également permis d'être plus résilient face aux fluctuations du marché et d'exploiter de nouvelles opportunités d'investissement.

L'analyse des performances

Évaluer régulièrement les performances de mes investissements est une étape clé pour une gestion efficace de mon patrimoine. Cela m'a permis de mieux comprendre les forces et les faiblesses de mon portefeuille et de prendre des décisions éclairées pour améliorer ma stratégie d'investissement.

L'optimisation fiscale

Maîtriser les lois fiscales et les utiliser à mon avantage a été un élément déterminant pour maximiser mon patrimoine. En recherchant et en appliquant des stratégies d'optimisation fiscale légales, j'ai pu réduire mon fardeau fiscal et augmenter mon rendement net.

La prudence et la patience

J'ai appris à être prudent et patient dans ma gestion de patrimoine. Plutôt que de chercher des gains rapides et risqués, j'ai adopté une approche plus réfléchie et disciplinée pour atteindre mes objectifs financiers à long terme. Cette mentalité m'a permis de résister à la tentation de prendre des décisions impulsives et de rester concentré sur ma stratégie d'investissement.

L'importance d'un bon conseiller

Un autre secret que j'ai découvert est l'importance d'un bon conseiller financier. En travaillant avec un expert compétent et digne de confiance, j'ai pu bénéficier de conseils précieux et personnalisés pour optimiser ma gestion de patrimoine. De plus, mon conseiller m'a aidé à rester concentré sur mes objectifs et à naviguer dans les périodes de volatilité du marché.

La gestion des risques

Apprendre à gérer les risques est un aspect essentiel de la gestion de patrimoine. En analysant les risques associés à mes investissements et en mettant en place des mesures pour les atténuer, j'ai pu protéger mon patrimoine tout en maximisant mes rendements. La gestion des risques inclut la diversification, l'assurance et la constitution d'un fonds d'urgence pour faire face aux imprévus.

L'équilibre entre épargne et investissement

Trouver le bon équilibre entre épargne et investissement a été une étape cruciale dans la gestion de mon patrimoine. En épargnant régulièrement et en réinvestissant une partie de mes gains, j'ai pu augmenter mon capital et profiter de la magie des intérêts composés pour accroître mon patrimoine de manière exponentielle.

La révision et l'ajustement

Enfin, j'ai compris l'importance de réviser et d'ajuster ma stratégie de gestion de patrimoine en fonction de l'évolution de mes circonstances et des conditions du marché. Cette approche flexible m'a permis d'adapter mon plan à mes besoins changeants et de tirer parti des opportunités qui se présentent.

En mettant en pratique ces secrets, j'ai pu transformer ma gestion de patrimoine et réaliser mes objectifs financiers. En partageant ces connaissances avec vous, j'espère vous aider à faire de même et à vous donner confiance pour prendre en main votre propre situation financière.

Il est important de se rappeler que chaque individu est unique, et que la gestion de patrimoine ne doit pas être une approche « taille unique ». Les secrets que j'ai partagés dans ce chapitre peuvent servir de base pour développer votre propre stratégie de gestion de patrimoine personnalisée. En comprenant vos propres besoins et objectifs, et en mettant en œuvre ces principes de manière cohérente, vous serez sur la voie d'une gestion de patrimoine efficace et réussie.

Chapitre 22 : Assurances et protections indispensables pour votre sécurité financière

En tant qu'auteur de ce livre, mon objectif est de partager mes expériences et mes connaissances pour aider les lecteurs à naviguer dans le monde complexe des finances personnelles. Aujourd'hui, je vais aborder un sujet qui me tient particulièrement à cœur : les assurances et les protections indispensables pour assurer notre sécurité financière.

Lors d'une soirée entre amis, j'ai été témoin d'une conversation animée entre deux connaissances qui débattaient des avantages et des inconvénients de souscrire à diverses polices d'assurance. L'un d'eux, Thomas, était fermement convaincu de l'importance d'être bien assuré, tandis que l'autre, Martin, considérait les assurances comme un gaspillage d'argent. J'ai écouté attentivement, en me remémorant les situations où j'avais été reconnaissant d'avoir souscrit à certaines assurances, et celles où je m'étais retrouvé sans protection en cas de besoin.

Cet échange m'a inspiré pour vous expliquer pourquoi les assurances et les protections sont essentielles pour garantir notre sécurité financière et vous présenter quelques options à prendre en compte.

L'assurance vie

Au cours de ma vie, j'ai compris l'importance de l'assurance vie pour protéger ma famille et moi-même en cas de décès prématuré. Il est essentiel d'avoir une couverture adéquate pour assurer la stabilité financière de nos proches après notre départ.

L'assurance maladie

Un jour, un ami proche est tombé gravement malade et a dû être hospitalisé pendant plusieurs semaines. Les factures médicales se sont rapidement accumulées, mettant à rude épreuve ses finances. J'ai alors pris conscience de l'importance de souscrire une assurance maladie pour couvrir les frais médicaux imprévus et protéger notre santé financière.

L'assurance habitation

Je me souviens encore de la panique que j'ai ressentie lorsque j'ai appris que mon domicile avait été cambriolé. Heureusement, mon assurance habitation a couvert les pertes financières et m'a permis de remplacer mes biens volés. Cet incident m'a fait réaliser à quel point il est crucial de protéger notre logement et nos biens personnels.

L'assurance automobile

Un soir en rentrant du travail, je me suis retrouvé impliqué dans un accident de la route. Malgré la peur et le choc initial, j'ai rapidement constaté que mon assurance automobile était là pour couvrir les dégâts matériels et les dépenses médicales associées à l'accident. Cet épisode m'a appris l'importance de souscrire une assurance automobile adaptée à nos besoins.

La responsabilité civile

Lors d'une réunion de famille, le fils de mon cousin a accidentellement renversé un vase de grande valeur chez moi. Bien que ce fut un incident regrettable, j'étais reconnaissant d'avoir souscrit une assurance responsabilité civile, qui m'a permis d'obtenir une indemnisation pour les dommages causés.

La protection contre l'invalidité

Un collègue de travail est devenu invalide à la suite d'un accident et n'a plus été en mesure de travailler. Cela m'a fait réfléchir à l'importance d'avoir une protection contre l'invalidité pour garantir un revenu stable en cas d'incapacité de travail. Cette assurance peut aider à couvrir les dépenses quotidiennes et à maintenir notre niveau de vie.

L'épargne d'urgence

Il y a quelques années, mon frère a perdu son emploi de manière inattendue. Heureusement, il avait constitué un fonds d'urgence qui lui a permis de faire face aux dépenses courantes pendant sa recherche d'emploi. Cela m'a fait comprendre l'importance d'avoir une épargne d'urgence pour parer aux imprévus financiers.

La diversification des investissements

Lors d'une conférence sur les finances personnelles, j'ai écouté un expert parler de la diversification des investissements pour minimiser les risques et maximiser les rendements. J'ai alors réalisé que pour assurer ma sécurité financière, il était crucial de ne pas mettre tous mes œufs dans le même panier et d'investir dans différents types d'actifs.

La planification de la retraite

Lors d'un repas en famille, mon oncle a partagé ses inquiétudes concernant sa retraite et son manque de préparation financière. Cela m'a rappelé l'importance de planifier notre retraite en épargnant et en investissant judicieusement pour garantir une vie paisible et confortable.

L'éducation financière

Enfin, j'ai découvert que pour assurer ma sécurité financière, il était essentiel de continuer à apprendre et à me tenir informé des meilleures pratiques financières. La connaissance est le meilleur atout pour prendre des décisions éclairées et éviter les erreurs coûteuses.

En résumé, les assurances et les protections indispensables pour notre sécurité financière sont essentielles pour naviguer dans le monde incertain des finances personnelles. Les expériences et les conseils que j'ai partagés dans ce chapitre vous aideront, je l'espère, à prendre des décisions éclairées pour protéger votre avenir financier et celui de vos proches.

Chapitre 23 : Préparer votre retraite dès aujourd'hui

L'autre jour, j'étais assis dans un café, sirotant mon café et feuilletant un magazine financier, quand j'ai lu un article sur la préparation à la retraite. L'histoire m'a rappelé que la retraite n'est pas quelque chose qui arrive simplement. C'est un objectif à long terme que nous devons planifier et atteindre avec le temps. Alors, laissez-moi partager avec vous quelques conseils pour commencer à préparer votre retraite dès aujourd'hui.

Commencez tôt

Je me souviens avoir discuté avec un ami qui avait commencé à épargner pour sa retraite dès l'âge de 25 ans. À l'époque, je pensais que c'était beaucoup trop tôt pour penser à la retraite. Mais maintenant, je réalise qu'il avait raison. Plus vous commencez tôt, plus vous aurez de temps pour accumuler de l'épargne et profiter des intérêts composés.

Évaluez vos besoins

Un après-midi ensoleillé, je me suis retrouvé à discuter avec mon voisin, un retraité qui passait son temps à jardiner et à jouer avec ses petits-enfants. Il m'a confié que, pour bien préparer sa retraite, il avait dû évaluer ses besoins financiers futurs. Il m'a conseillé de tenir compte de mon niveau de vie actuel, de mes dépenses prévues et de l'inflation pour déterminer combien d'argent je devrais mettre de côté pour ma retraite.

Profitez des avantages fiscaux

Un jour, lors d'une soirée entre amis, une discussion sur les finances personnelles s'est engagée. Un ami m'a parlé des avantages fiscaux liés à l'épargne-retraite. Il m'a expliqué que, dans la plupart des pays, il existe des plans d'épargne-retraite qui offrent des avantages fiscaux, tels que des déductions fiscales ou une imposition différée. En tirant parti de ces avantages, vous pouvez maximiser vos économies pour la retraite.

Diversifiez vos investissements

Un jour, lors d'une promenade dans le parc, j'ai rencontré un vieil ami financier qui m'a conseillé de diversifier mes investissements pour la retraite. Il m'a expliqué que la diversification réduit les risques et augmente les chances de rendements élevés. Ainsi, il est important d'avoir un portefeuille bien diversifié, comprenant des actions, des obligations, de l'immobilier et d'autres investissements.

Automatisez vos économies

Je me rappelle avoir lu un article sur un blog financier qui parlait de l'importance d'automatiser ses économies pour la retraite. L'idée est simple : en mettant en place des virements automatiques de votre compte courant vers un compte d'épargne ou un plan d'épargne-retraite, vous vous assurez de mettre régulièrement de l'argent de côté sans même y penser.

Réduisez votre endettement

Lors d'un dîner entre amis, un couple m'a raconté comment ils avaient réussi à rembourser leur dette hypothécaire avant la retraite. Ils m'ont expliqué que réduire leur endettement leur avait permis d'augmenter leurs économies et de vivre plus confortablement pendant leur retraite. Alors, essayez de vous débarrasser de vos dettes à taux d'intérêt élevé en premier lieu et envisagez de rembourser votre hypothèque avant la retraite, si possible.

Ajustez votre style de vie

Un soir, en regardant un documentaire sur les personnes qui avaient réussi à prendre leur retraite de manière confortable, j'ai réalisé que beaucoup d'entre elles avaient dû ajuster leur style de vie. Pour économiser davantage en vue de la retraite, il peut être nécessaire de réduire certaines dépenses inutiles ou de trouver des sources de revenus supplémentaires. Pensez à ce que vous pourriez faire pour ajuster votre style de vie dès aujourd'hui.

Révisez régulièrement votre plan de retraite

Lors d'une conférence sur les finances personnelles, un orateur m'a appris l'importance de réviser régulièrement son plan de retraite. Les circonstances de la vie peuvent changer, et il est crucial de s'assurer que votre plan reste adapté à vos objectifs et à vos besoins. Pensez à évaluer et à ajuster votre plan de retraite tous les quelques années.

Envisagez de travailler plus longtemps

Un matin, en lisant les nouvelles, j'ai découvert un article sur les avantages de travailler au-delà de l'âge de la retraite. Non seulement cela vous permet de continuer à gagner de l'argent, mais cela peut également vous aider à retarder le moment où vous commencerez à puiser dans vos économies. Si vous êtes en bonne santé et que vous aimez votre travail, envisagez de travailler quelques années de plus pour augmenter votre épargne-retraite.

Prévoyez les dépenses de santé

Lors d'une conversation avec un collègue retraité, j'ai appris que les dépenses de santé peuvent être un poste de dépense important pendant la retraite. Il est donc essentiel de prévoir ces dépenses dans votre plan de retraite et de vous assurer d'avoir une assurance santé adéquate pour couvrir les coûts.

En suivant ces conseils, vous serez sur la bonne voie pour préparer et anticiper votre retraite dès aujourd'hui. Rappelez-vous qu'il n'est jamais trop tôt pour commencer à planifier et que chaque effort compte pour assurer votre sécurité financière à long terme. Alors, prenez les devants et commencez à construire dès maintenant la retraite dont vous rêvez.

Chapitre 24 : Transmission de patrimoine : les stratégies à connaître

Le soleil se levait doucement, révélant un paysage paisible. J'étais assis sur la terrasse de ma maison, sirotant mon café du matin, perdu dans mes pensées. J'ai réalisé à quel point il est important de transmettre son patrimoine à la génération suivante, et j'ai décidé de partager mes connaissances sur ce sujet. Voici donc quelques stratégies que j'ai découvertes au fil du temps pour réussir la transmission de votre patrimoine.

La donation

Un jour, lors d'une conversation animée avec un ami avocat, j'ai appris que la donation est un moyen efficace de transmettre son patrimoine de son vivant. Elle permet de donner des biens à ses proches tout en bénéficiant d'exonérations fiscales intéressantes. Il existe plusieurs types de donations, comme la donation simple, la donation-partage, ou encore la donation avec réserve d'usufruit. Chacune présente ses avantages et ses inconvénients, et il est crucial de bien les comprendre pour choisir la solution la plus adaptée à votre situation.

L'assurance-vie

Un soir, en parcourant un magazine financier, je suis tombé sur un article qui présentait l'assurance-vie comme un outil incontournable pour la transmission du patrimoine. Elle offre en effet une grande souplesse et des avantages fiscaux intéressants, notamment en matière de droits de succession. Vous pouvez désigner les bénéficiaires de votre choix et choisir le montant que vous souhaitez leur transmettre, tout en profitant d'une fiscalité avantageuse.

La démembrement de propriété

Lors d'un dîner avec un notaire, j'ai découvert le démembrement de propriété, une stratégie qui permet de séparer la nue-propriété d'un bien immobilier de son usufruit. Cela permet de transmettre la nue-propriété à ses héritiers tout en conservant l'usufruit pour soi-même. À votre décès, les héritiers récupèrent l'usufruit et deviennent pleinement propriétaires du bien. Cette solution présente des avantages fiscaux et permet de conserver la jouissance du bien jusqu'à la fin de vos jours.

La transmission d'entreprise

Un après-midi, en discutant avec un entrepreneur à succès, j'ai appris que la transmission d'entreprise est un enjeu crucial pour assurer la pérennité de son patrimoine professionnel. Il est important de préparer cette transmission en amont, en réfléchissant aux différentes options possibles, comme la cession à un membre de la famille, la vente à un tiers ou encore la transmission à ses salariés. Chaque option a ses spécificités et ses implications fiscales, et il est essentiel de bien les analyser pour faire le bon choix.

Les pactes Dutreil

Un matin, en écoutant une émission de radio sur la gestion de patrimoine, j'ai découvert les pactes Dutreil, des dispositifs fiscaux qui permettent de faciliter la transmission d'entreprise et de réduire les droits de succession. Ils s'adressent aux entreprises familiales et permettent de transmettre les parts de l'entreprise à ses héritiers à des conditions fiscales avantageuses. Les pactes Dutreil sont complexes et nécessitent un accompagnement juridique et fiscal pour être mis en place de manière optimale.

La planification successorale

Un jour, lors d'une promenade en forêt, je me suis arrêté pour discuter avec un gestionnaire de patrimoine qui m'a fait prendre conscience de l'importance de la planification successorale. Elle consiste à anticiper la répartition de vos biens après votre décès et à mettre en place les stratégies adaptées pour minimiser les droits de succession et préserver l'harmonie familiale. Il est conseillé de consulter un professionnel pour vous accompagner dans cette démarche, car la législation en matière de succession est complexe et évolutive.

Le testament

Un soir, en lisant un roman policier, j'ai réalisé que le testament est un outil essentiel pour exprimer ses volontés concernant la transmission de son patrimoine. En l'absence de testament, c'est la loi qui détermine la répartition de vos biens entre vos héritiers. Rédiger un testament vous permet de personnaliser cette répartition en fonction de vos souhaits, en désignant les bénéficiaires de votre choix et en précisant les modalités de transmission. Il est important de consulter un notaire pour rédiger un testament conforme à la législation et éviter les litiges ultérieurs.

La communication avec les héritiers

Un dimanche matin, lors d'un brunch en famille, j'ai compris que la communication avec ses héritiers est un aspect crucial de la transmission du patrimoine. Il est important de les tenir informés de vos intentions et de vos choix concernant la répartition de vos biens. Cela permet d'éviter les malentendus et les conflits après votre décès, et de garantir que votre volonté sera respectée.

Enfin, il est essentiel de garder à l'esprit que la transmission de patrimoine est un processus dynamique et évolutif. Les lois et les régulations changent, tout comme votre situation personnelle et financière. Il est donc important de revoir régulièrement vos stratégies et de vous adapter en conséquence.

En suivant ces conseils, vous pourrez aborder la transmission de votre patrimoine avec sérénité et efficacité. Vous serez ainsi en mesure de préserver et de transmettre vos biens à la génération suivante, tout en minimisant les coûts fiscaux et en assurant l'harmonie familiale. Prenez le temps de réfléchir à ces stratégies et n'hésitez pas à consulter des professionnels pour vous accompagner dans cette démarche cruciale.

Adopter un mode de vie épanouissant et enrichissant

Chapitre 25 : L'importance de l'équilibre vie professionnelle et vie personnelle

Il y a quelques années, lors d'une soirée entre amis, une conversation s'est engagée sur l'équilibre entre vie professionnelle et vie personnelle. Ce sujet a éveillé ma curiosité et m'a amené à mener mes propres recherches. Voici donc ce que j'ai découvert sur l'importance de cet équilibre et comment y parvenir.

La quête de l'équilibre

Un matin, en prenant mon café, j'ai réalisé que l'équilibre entre vie professionnelle et vie personnelle est une quête constante pour la plupart d'entre nous. Dans notre société moderne, où le travail occupe une place prépondérante, il est parfois difficile de trouver le juste milieu entre nos responsabilités professionnelles et nos besoins personnels. Pourtant, cet équilibre est essentiel pour notre épanouissement et notre bien-être.

Les enjeux de l'équilibre

Un jour, en discutant avec un collègue, j'ai compris que l'équilibre entre vie professionnelle et vie personnelle a des enjeux importants pour notre santé mentale et physique. En effet, un déséquilibre peut engendrer du stress, de l'anxiété, voire des problèmes de santé plus graves. De plus, cela peut nuire à nos relations et à notre qualité de vie. Il est donc crucial de trouver cet équilibre pour préserver notre bien-être et celui de nos proches.

Apprendre à déléguer

Lors d'une réunion de travail, j'ai écouté attentivement un responsable expliquer l'importance de déléguer certaines tâches pour préserver son équilibre. Déléguer, c'est accepter de confier certaines responsabilités à d'autres personnes, que ce soit au travail ou à la maison. Cette démarche permet de libérer du temps pour soi et de réduire la charge mentale. N'oubliez pas que vous n'êtes pas obligé de tout faire vous-même!

Fixer des limites

Un soir, en lisant un article sur le sujet, j'ai découvert que fixer des limites est un élément clé pour maintenir l'équilibre entre vie professionnelle et vie personnelle. Il s'agit de déterminer ce qui est acceptable pour vous en termes de temps de travail, de disponibilité et d'engagement. Vous devez apprendre à dire non lorsque cela est nécessaire pour préserver votre bien-être et celui de votre famille.

Le temps pour soi

Un dimanche après-midi, en me baladant dans un parc, je me suis rendu compte de l'importance du temps pour soi. Pour préserver l'équilibre entre vie professionnelle et vie personnelle, il est essentiel de s'accorder des moments de détente et de plaisir. Ces instants permettent de se ressourcer et de se reconnecter à soi-même. N'hésitez pas à pratiquer des activités qui vous passionnent et à partager des moments de qualité avec vos proches.

La gestion du temps

Un matin, en écoutant un podcast sur la productivité, j'ai appris l'importance de la gestion du temps pour maintenir l'équilibre entre vie professionnelle et vie personnelle. Apprendre à organiser efficacement son emploi du temps permet de gagner en sérénité et en efficacité. Il est important de prioriser les tâches, d'éviter la procrastination et de se fixer des objectifs réalisables. N'oubliez pas de planifier du temps pour vous et pour vos proches dans votre agenda.

La communication

Un soir, lors d'un dîner en famille, j'ai observé l'importance de la communication pour maintenir un équilibre entre vie professionnelle et vie personnelle. Discuter régulièrement avec votre entourage (famille, amis, collègues) de vos besoins et de vos attentes permet de prévenir les malentendus et les tensions. Un dialogue ouvert et sincère contribue à instaurer un climat de confiance et d'entraide.

L'importance du sommeil

Un jour, en échangeant avec un ami médecin, j'ai compris que le sommeil joue un rôle essentiel dans l'équilibre entre vie professionnelle et vie personnelle. Un sommeil de qualité permet de mieux gérer le stress, d'améliorer la concentration et de renforcer le système immunitaire. Veillez à respecter vos besoins en matière de sommeil et à adopter de bonnes habitudes pour favoriser un repos réparateur.

La flexibilité

Lors d'un déjeuner avec un ancien collègue, j'ai réalisé que la flexibilité est un atout précieux pour concilier vie professionnelle et vie personnelle. Être flexible, c'est accepter de s'adapter aux situations et aux imprévus, sans pour autant sacrifier ses propres besoins. Cela peut passer par des aménagements d'horaires, du télétravail ou des compromis avec votre entourage. La clé est de trouver des solutions qui vous permettent de préserver votre équilibre.

Savoir lâcher prise

Un soir, en méditant sur ma journée, j'ai pris conscience de l'importance de savoir lâcher prise pour maintenir un équilibre entre vie professionnelle et vie personnelle. Lâcher prise, c'est accepter de ne pas tout contrôler et de ne pas être parfait en toutes circonstances. Cela permet de réduire le stress, de gagner en confiance en soi et de vivre l'instant présent. N'oubliez pas que l'équilibre est avant tout un état d'esprit.

En somme, l'équilibre entre vie professionnelle et vie personnelle est un enjeu majeur pour notre bien-être et notre épanouissement. En appliquant ces conseils, j'ai réussi à trouver cet équilibre et à profiter pleinement de ma vie. J'espère que ces réflexions vous aideront à cheminer vers un équilibre harmonieux et à vivre une vie plus sereine et équilibrée.

Chapitre 26 : Les clés pour des relations saines et riches

En marchant dans le parc, je repense à cette conversation avec un ami proche qui m'a fait prendre conscience de l'importance des relations saines et riches dans notre vie. Au fil du temps, j'ai découvert les clés pour entretenir et renforcer ces liens précieux. Je souhaite partager avec vous ces enseignements pour vous aider à construire des relations épanouissantes.

L'écoute active

Il y a quelques mois, lors d'une soirée, j'ai compris que l'écoute active est le fondement des relations saines et riches. Prêtez attention à ce que vos interlocuteurs disent, reformulez leurs propos pour vous assurer de bien comprendre, et évitez de les interrompre. L'écoute active permet de créer un climat de confiance et de respect.

L'empathie

Un jour, en observant un couple d'amis, j'ai réalisé que l'empathie est essentielle pour des relations solides. Mettez-vous à la place de l'autre, ressentez ce qu'il ressent et comprenez ses besoins. L'empathie favorise la connexion émotionnelle et renforce les liens.

L'authenticité

Récemment, lors d'un déjeuner avec un collègue, j'ai constaté combien l'authenticité est importante dans nos relations. Soyez sincère et honnête avec vous-même et avec les autres. L'authenticité permet d'établir des relations durables et profondes, basées sur la confiance et le respect mutuel.

La communication non-violente

Un matin, en lisant un livre sur la communication, j'ai découvert la communication non-violente (CNV). Cette méthode consiste à exprimer vos besoins et vos sentiments de manière respectueuse et bienveillante, sans accuser ni critiquer l'autre. La CNV facilite les échanges et prévient les conflits.

Le soutien mutuel

Lors d'un voyage en groupe, j'ai appris l'importance du soutien mutuel pour des relations saines et riches. Aidez vos proches lorsqu'ils en ont besoin et n'hésitez pas à demander de l'aide en retour. Le soutien mutuel renforce les liens et crée un environnement d'entraide et de solidarité.

L'ouverture d'esprit

Un soir, en discutant avec un ami d'une autre culture, j'ai compris que l'ouverture d'esprit est essentielle pour des relations enrichissantes. Acceptez les différences, apprenez des autres et soyez curieux de leur vécu. L'ouverture d'esprit permet de découvrir de nouveaux horizons et de grandir ensemble.

Le pardon

Un jour, suite à une dispute avec un proche, j'ai réalisé l'importance du pardon dans nos relations. Apprenez à pardonner les erreurs et les faiblesses des autres, ainsi qu'à accepter le pardon en retour. Le pardon est libérateur et permet de guérir les blessures du passé.

La gratitude

Lors d'une promenade en forêt, je me suis remémoré toutes les personnes qui ont croisé ma route et qui ont contribué à mon bonheur. Exprimez votre gratitude envers les personnes qui vous entourent et les moments précieux que vous partagez avec elles. La gratitude renforce les liens et crée un climat de bienveillance et d'appréciation mutuelle.

La flexibilité

Il y a quelques semaines, lors d'un dîner improvisé avec des amis, j'ai découvert l'importance de la flexibilité dans nos relations. Soyez prêt à vous adapter aux changements et aux imprévus, et acceptez que vos proches puissent évoluer au fil du temps. La flexibilité permet de maintenir des relations saines malgré les aléas de la vie.

Le temps de qualité

Un dimanche après-midi, en passant du temps avec ma famille, j'ai réalisé l'importance du temps de qualité pour nourrir nos relations. Accordez du temps à vos proches, partagez des moments privilégiés avec eux et créez des souvenirs inoubliables. Le temps de qualité permet de tisser des liens forts et durables.

Je repense à cette conversation avec mon ami et je souris en constatant combien ces clés ont transformé ma vie et mes relations. En appliquant ces principes, vous aussi, vous pourrez construire des relations saines et riches, qui vous apporteront soutien, amour et épanouissement. N'oubliez pas que les relations sont comme des plantes : elles ont besoin d'attention et de soins pour grandir et s'épanouir. Alors, cultivez-les avec amour et savourez les fruits de ces précieux liens.

Chapitre 27 : Développer votre réseau et apprendre des autres

En entrant dans le café, je ne pouvais m'empêcher de ressentir une légère nervosité. C'était l'endroit où se tenait une rencontre mensuelle de professionnels du secteur. Je savais qu'il était temps pour moi d'élargir mon réseau et d'apprendre de ceux qui avaient déjà réussi. La valeur de cette expérience ne pouvait être sous-estimée, et pourtant, je ne savais pas vraiment par où commencer. Voici les étapes que j'ai suivies pour développer mon réseau et apprendre des autres :

Oser sortir de sa zone de confort

En m'approchant du groupe, je me suis rappelé combien il était important de sortir de ma zone de confort. Le simple fait de franchir le seuil et de m'exposer à de nouvelles personnes et expériences avait déjà un impact positif sur mon développement personnel et professionnel. Je savais que les rencontres les plus enrichissantes étaient souvent celles qui nous poussent à nous dépasser.

Se présenter avec authenticité

En me présentant aux membres du groupe, j'ai réalisé l'importance d'être authentique et sincère. Au lieu de me cacher derrière un masque professionnel, j'ai choisi de partager mes passions et mes aspirations. Cette sincérité a permis d'établir une connexion réelle avec les personnes présentes.

Poser des questions pertinentes

Au fil des conversations, j'ai appris à poser des questions pertinentes pour mieux comprendre les expériences et les parcours des autres. Ces questions ont non seulement suscité l'intérêt de mes interlocuteurs, mais elles m'ont aussi permis de recueillir des informations précieuses pour mon propre cheminement.

Écouter attentivement

Lors d'une discussion avec une femme qui avait réussi à créer sa propre entreprise, j'ai compris l'importance d'écouter attentivement. En étant réellement présent et attentif, j'ai pu saisir les nuances de son histoire et en tirer des leçons pour mon propre parcours.

S'entourer de personnes inspirantes

Au cours de cette soirée, j'ai également pris conscience de l'importance de m'entourer de personnes inspirantes et stimulantes. En échangeant avec des personnes qui avaient déjà atteint des objectifs similaires aux miens, j'ai trouvé une source d'inspiration et de motivation pour avancer.

Partager ses connaissances et expériences

Un homme plus âgé s'est approché de moi et m'a demandé des conseils sur l'utilisation des réseaux sociaux dans le monde professionnel. J'ai réalisé que je pouvais aussi apporter ma contribution et partager mes connaissances avec les autres membres du réseau. Cet échange mutuel a renforcé notre lien et a consolidé ma place au sein du groupe.

Maintenir le contact

Après la rencontre, j'ai pris le temps d'envoyer un message à chaque personne avec qui j'avais échangé. Ce geste simple m'a permis de maintenir le contact et de construire des relations durables. J'ai compris que le réseautage ne se limitait pas à un seul événement, mais nécessitait un suivi régulier pour entretenir ces précieuses connexions.

Être généreux et rendre service

Quelques semaines plus tard, un membre du groupe m'a contacté pour me demander un coup de main sur un projet. J'ai accepté sans hésiter, car je savais que la générosité et l'entraide étaient essentielles pour créer des relations solides et mutuellement bénéfiques. En rendant service, je renforçais la confiance et l'estime de mon réseau.

Participer à des événements et ateliers

Pour continuer à développer mon réseau et apprendre des autres, j'ai commencé à participer régulièrement à des événements et ateliers liés à mon domaine d'expertise. Non seulement cela m'a permis de rencontrer de nouvelles personnes, mais aussi d'acquérir de nouvelles compétences et connaissances.

Créer des opportunités pour les autres

Enfin, j'ai compris que pour tirer le meilleur parti de mon réseau, je devais également être actif dans la création d'opportunités pour les autres. Que ce soit en mettant en relation des personnes qui pourraient s'entraider ou en organisant des événements pour rassembler mon réseau, j'ai découvert que ma capacité à aider les autres renforçait ma propre position et me permettait d'apprendre encore plus.

En suivant ces étapes, j'ai réussi à développer un réseau solide et diversifié, qui m'a permis de grandir tant sur le plan personnel que professionnel. Les relations saines et riches que j'ai nouées m'ont apporté une source inestimable de soutien, d'inspiration et d'apprentissage.

Alors, si vous aussi, vous souhaitez développer votre réseau et apprendre des autres, n'hésitez pas à vous lancer dans cette aventure. Vous découvrirez rapidement que les bénéfices sont nombreux et que les leçons apprises en cours de route vous permettront de vous épanouir et de progresser dans tous les domaines de votre vie.

Chapitre 28 : Savoir prendre des risques calculés pour accélérer votre réussite

Dans la vie, il est essentiel de savoir prendre des risques calculés pour accélérer sa réussite. Les risques bien gérés peuvent ouvrir la porte à de nouvelles opportunités et expériences, et mener à un épanouissement personnel et professionnel. Laissez-moi vous partager certaines étapes pour prendre des risques intelligemment et ainsi propulser votre parcours vers le succès.

S'informer et se documenter

Avant de prendre un risque, il est primordial de s'informer sur les enjeux et conséquences potentiels. Mieux comprendre les tenants et aboutissants d'une décision permet d'évaluer si un risque en vaut la peine et d'anticiper les éventuelles difficultés.

Évaluer les avantages et les inconvénients

Une fois informé, il est important de peser le pour et le contre. Dresser une liste des avantages et inconvénients d'une situation aide à visualiser les répercussions potentielles d'un risque et à déterminer si les bénéfices surpassent les désagréments.

Écouter son intuition

Parfois, les décisions les plus audacieuses sont guidées par l'intuition. Il est essentiel de prêter attention à ces instincts, car ils sont souvent le fruit de notre expérience et de notre connaissance de soi. Cependant, il faut veiller à ne pas confondre intuition et impulsivité.

Se fixer des objectifs clairs

Pour prendre des risques calculés, il est crucial de se fixer des objectifs précis. Ainsi, on peut mesurer l'impact de nos décisions sur notre parcours et déterminer si un risque est cohérent avec nos aspirations. Il est également plus facile de rester motivé et engagé lorsque l'on a une vision claire de nos buts.

Consulter son entourage

L'avis des proches et des personnes de confiance peut être précieux lorsqu'il s'agit de prendre des risques. Leur expérience, leur point de vue et leur soutien peuvent nous aider à mieux cerner les enjeux et à prendre des décisions éclairées.

Un jour, j'ai rencontré un entrepreneur qui m'a partagé une leçon précieuse. Il m'a raconté qu'il avait été tenté d'investir dans une entreprise prometteuse, mais risquée. Avant de prendre sa décision, il a consulté son mentor qui lui a suggéré de prendre en compte tous les éléments et de réfléchir à la manière dont cet investissement s'inscrivait dans ses objectifs à long terme. Cette discussion l'a aidé à prendre une décision éclairée et à éviter un échec potentiel.

Accepter l'échec comme une possibilité

Il est important d'accepter que l'échec fait partie intégrante du processus de prise de risque. En envisageant l'échec comme une étape possible et non comme une fin en soi, on se donne la chance d'apprendre de nos erreurs et d'en ressortir plus fort.

Apprendre de ses expériences

Chaque risque pris, qu'il mène au succès ou à l'échec, est une opportunité d'apprentissage. En analysant les résultats de nos décisions, on acquiert de l'expérience et on affine notre capacité à prendre des risques calculés. Ces leçons nous permettent de mieux appréhender les situations futures et de prendre des décisions plus éclairées.

Ne pas avoir peur de sortir de sa zone de confort

La réussite implique souvent de sortir de sa zone de confort et d'oser prendre des risques. Cela peut être inconfortable, mais c'est en acceptant cette vulnérabilité que l'on peut grandir et évoluer. S'ouvrir à l'inconnu et apprendre à gérer l'inconfort sont des compétences précieuses pour réussir.

Prendre des décisions en accord avec ses valeurs

Il est essentiel que les risques pris soient en adéquation avec nos valeurs et convictions. Cela garantit une cohérence dans nos choix et assure que même en cas d'échec, nous restons en accord avec nous-mêmes.

Se donner le temps de la réflexion

Prendre des risques calculés ne signifie pas agir précipitamment. Il est important de prendre le temps nécessaire pour réfléchir à nos décisions et de ne pas se laisser emporter par l'émotion ou la pression extérieure.

En somme, savoir prendre des risques calculés est une compétence essentielle pour accélérer sa réussite. En s'informant, en écoutant son intuition, en se fixant des objectifs clairs et en apprenant de ses expériences, on peut maximiser les chances de réussir et minimiser les risques d'échec. Rappelez-vous que chaque prise de risque est une occasion de grandir et d'apprendre, et qu'il est important de ne pas laisser la peur nous empêcher d'atteindre nos objectifs.

Je me souviens d'un ami qui rêvait de créer sa propre entreprise. Il a passé des années à réfléchir, à planifier et à prendre des risques calculés. Certains de ces risques ont été couronnés de succès, d'autres non. Mais grâce à sa persévérance et à sa capacité à apprendre de ses erreurs, il a finalement réussi à créer une entreprise florissante.

En définitive, la clé pour accélérer votre réussite réside dans votre capacité à prendre des risques calculés et à apprendre de vos expériences, tout en restant fidèle à vos valeurs et aspirations. Ne laissez pas la peur vous paralyser, osez prendre des risques et découvrez le chemin qui vous mènera vers le succès.

Chapitre 29 : Les bienfaits d'une vie simple et organisée

L'autre jour, j'étais assis à un café, en train de siroter mon expresso, quand je me suis rendu compte à quel point ma vie avait changé depuis que j'avais adopté un mode de vie plus simple et organisé. Je me suis souvenu des jours où mon emploi du temps était chaotique, où je courais d'un rendez-vous à l'autre, sans jamais prendre le temps de respirer. Aujourd'hui, je savoure chaque instant et j'apprécie pleinement les bienfaits d'une vie simple et organisée.

Une vie sans stress

L'un des premiers bienfaits que j'ai constatés en simplifiant ma vie a été la réduction considérable de mon niveau de stress. En éliminant les activités et les engagements inutiles de mon emploi du temps, j'ai pu me concentrer sur les choses qui comptent vraiment pour moi. Je me sens moins débordé et je profite de chaque journée sans cette angoisse permanente.

Un esprit clair

S'organiser permet également d'obtenir un esprit plus clair et apaisé. En structurant mes journées et en planifiant mes tâches, je sais exactement ce qui doit être fait et quand. Cette organisation m'évite de me sentir submergé par un flot d'informations et de responsabilités, et me permet de rester concentré sur l'essentiel.

Une meilleure gestion du temps

Le temps, cette ressource si précieuse, est géré de manière optimale lorsque notre vie est simple et organisée. En éliminant les distractions et en priorisant nos activités, nous sommes en mesure de nous consacrer pleinement à ce qui nous tient à cœur. Nous avons également plus de temps libre pour nous détendre, nous divertir et profiter de nos proches.

Des relations plus épanouissantes

En simplifiant notre vie et en nous concentrant sur l'essentiel, nous avons plus de temps et d'énergie à consacrer aux personnes qui nous entourent. Nous pouvons ainsi tisser des liens plus profonds et plus authentiques avec nos amis et notre famille, et vivre des relations plus épanouissantes.

Un environnement serein

Un espace de vie encombré et désorganisé peut être source de stress et de frustration. En adoptant une vie simple et organisée, nous prenons soin de notre environnement et veillons à ce qu'il soit propice à la détente et au bien-être. Notre foyer devient alors un véritable havre de paix dans lequel nous aimons nous ressourcer.

Un meilleur équilibre entre vie professionnelle et vie personnelle

Avoir une vie bien organisée nous permet de mieux répartir notre temps et notre énergie entre notre travail et notre vie personnelle. Nous sommes ainsi en mesure de trouver un équilibre satisfaisant entre ces deux aspects de notre existence, ce qui contribue à notre épanouissement global.

Une prise de décision facilitée

Lorsque notre vie est simple et organisée, nous sommes mieux à même de prendre des décisions éclairées. En éliminant le superflu et en nous concentrant sur nos priorités, nous gagnons en clarté et en discernement. Ainsi, nous sommes en mesure de faire des choix judicieux, en accord avec nos valeurs et nos aspirations.

Une meilleure gestion des finances

La simplicité et l'organisation s'étendent également à notre gestion financière. En vivant de manière plus minimaliste et en planifiant nos dépenses, nous pouvons mieux contrôler notre budget et éviter les dettes inutiles. De plus, cela nous permet de nous concentrer sur l'épargne et l'investissement, ce qui renforce notre sécurité financière et notre tranquillité d'esprit.

Un sentiment d'accomplissement

En adoptant une vie simple et organisée, nous sommes plus en mesure d'atteindre nos objectifs et de réaliser nos rêves. La clarté mentale et l'énergie que nous gagnons nous permettent de nous concentrer sur nos aspirations et de travailler efficacement pour les concrétiser. Ce sentiment d'accomplissement est l'un des plus grands bienfaits d'une vie bien structurée.

Une meilleure santé physique et mentale

Enfin, il est essentiel de souligner l'impact positif de la simplicité et de l'organisation sur notre santé physique et mentale. En réduisant notre niveau de stress, en améliorant notre gestion du temps et en équilibrant nos relations, nous favorisons notre bien-être général. De plus, en vivant de manière plus intentionnelle, nous sommes plus enclins à adopter des habitudes saines, telles que l'exercice régulier, une alimentation équilibrée et une bonne hygiène de sommeil.

Pour conclure, je vous invite à vous poser cette question : quels sont les domaines de votre vie qui pourraient bénéficier d'une simplification et d'une meilleure organisation ? En prenant le temps de réfléchir à cette question et en mettant en œuvre les changements nécessaires, vous pourrez, vous aussi, profiter des nombreux bienfaits d'une vie simple et organisée.

Chapitre 30 : Cultiver la gratitude et la générosité pour une vie riche et épanouissante

C'était une belle soirée d'été, et je me trouvais dans un café en plein air, sirotant un thé glacé tout en observant les gens passer. Le soleil se couchait, et les rires des enfants qui jouaient près de la fontaine se mêlaient aux conversations animées des clients autour de moi. Je me suis alors rendu compte de la chance que j'avais d'être là, en ce moment précis, et j'ai ressenti une immense gratitude pour tout ce que la vie m'avait offert.

La gratitude comme fondement d'une vie épanouissante

La gratitude est une émotion puissante qui peut transformer notre perception du monde et améliorer notre bien-être. Lorsque nous sommes reconnaissants, nous apprécions les petites choses de la vie, et nous nous concentrons davantage sur ce que nous avons plutôt que sur ce qui nous manque. Cultiver la gratitude, c'est reconnaître et chérir les moments de bonheur, aussi simples soient-ils.

J'ai compris, en écoutant les rires des enfants et en savourant mon thé glacé, que ces instants étaient des cadeaux précieux. J'ai alors décidé de prendre le temps, chaque jour, de noter les choses pour lesquelles j'étais reconnaissant. Cette pratique m'a aidé à développer une attitude positive et à me sentir plus épanoui dans ma vie quotidienne.

La générosité pour enrichir nos relations et notre vie

En plus de la gratitude, la générosité est un autre élément clé d'une vie riche et épanouissante. Lorsque nous donnons sans attendre en retour, que ce soit du temps, de l'argent ou un simple sourire, nous créons des liens profonds avec les autres et renforçons notre estime de nous-mêmes. La générosité nous permet de nous sentir utiles et d'avoir un impact positif sur le monde qui nous entoure.

Je me souviens d'un ami qui m'a dit un jour : "Tu sais, le bonheur est comme une bougie. Tu peux en allumer des milliers avec une seule flamme sans que celle-ci ne perde de sa force." Cette réflexion m'a marqué et m'a poussé à partager plus souvent avec les autres, à offrir mon aide, à écouter et à soutenir ceux qui en avaient besoin.

Des actions concrètes pour cultiver la gratitude et la générosité
Voici quelques idées pour intégrer la gratitude et la générosité dans votre vie quotidienne :

- **Tenir un journal de gratitude** : Prenez quelques minutes chaque jour pour noter les choses, grandes ou petites, pour lesquelles vous êtes reconnaissant. Cela vous aidera à vous concentrer sur le positif et à ressentir davantage de bonheur.

- **Exprimer sa reconnaissance** : N'hésitez pas à dire "merci" et à partager votre gratitude avec les personnes qui vous entourent. Un simple geste de reconnaissance peut renforcer vos relations et vous aider à vous sentir plus connecté aux autres.

- **Donner de son temps** : S'engager dans des actions bénévoles ou aider un ami dans le besoin est une excellente façon de pratiquer la générosité. Vous découvrirez que donner de votre temps peut être tout aussi enrichissant que de recevoir.

- **Pratiquer la bienveillance** : Essayez de faire preuve de bienveillance envers vous-même et les autres. Un sourire, un compliment ou un geste de soutien peut avoir un impact considérable sur la journée de quelqu'un et sur la vôtre.

- **Cultiver l'abondance** : Au lieu de vous focaliser sur ce que vous n'avez pas, concentrez-vous sur les ressources que vous possédez déjà et les opportunités qui se présentent à vous. Adopter une mentalité d'abondance vous permettra d'apprécier davantage ce que vous avez et d'attirer de nouvelles opportunités.

Les bienfaits d'une vie riche en gratitude et générosité

En cultivant la gratitude et la générosité, vous constaterez que votre vie deviendra plus riche et épanouissante. Voici quelques-uns des bienfaits que vous pourrez en tirer :

- **Une meilleure santé mentale et émotionnelle** : La gratitude et la générosité contribuent à réduire le stress, l'anxiété et la dépression, favorisant ainsi une meilleure santé mentale.

- **Des relations plus profondes et plus satisfaisantes** : La gratitude et la générosité vous aideront à créer des liens authentiques et durables avec les personnes qui vous entourent.

- **Un sentiment d'accomplissement et de réussite** : En donnant sans attendre en retour, vous éprouverez un sentiment de satisfaction et de fierté qui renforcera votre confiance en vous.

- **Un impact positif sur le monde** : En étant généreux et reconnaissant, vous contribuez à créer un environnement bienveillant et altruiste qui profite à tous.

En conclusion, la gratitude et la générosité sont des éléments essentiels pour mener une vie riche et épanouissante. En les cultivant au quotidien, vous améliorerez votre bien-être, renforcerez vos relations et aurez un impact positif sur le monde qui vous entoure. Alors, prenez le temps de savourer les petits bonheurs de la vie, d'exprimer votre reconnaissance et de donner sans attendre en retour. Vous verrez que votre vie s'enrichira de manière inestimable.

Le chemin vers la liberté financière

Chapitre 31 : Les étapes cruciales pour atteindre l'indépendance financière

L'indépendance financière, cet objectif tant convoité, représente une liberté qui permet de vivre sa vie selon ses propres termes. Pour y parvenir, il est essentiel de suivre certaines étapes cruciales. Dans ce chapitre, je vous dévoile ces étapes pour vous guider sur le chemin de l'indépendance financière.

Établir un plan financier solide

La première étape consiste à établir un plan financier solide. Ce plan doit inclure vos objectifs financiers à court, moyen et long terme. Pour être efficace, il doit également tenir compte de votre situation personnelle, de vos revenus, de vos dépenses et de vos investissements. Voici quelques éléments à considérer lors de l'élaboration de votre plan :

- Établir un budget : Un budget vous permet de suivre vos revenus et dépenses mensuelles. Cela vous aidera à identifier les domaines où vous pouvez réduire vos dépenses et augmenter vos économies.

- Épargner un fonds d'urgence : Un fonds d'urgence, équivalent à 3 à 6 mois de dépenses, vous permettra de faire face aux imprévus sans compromettre votre sécurité financière.

- Rembourser les dettes : Éliminez vos dettes à taux d'intérêt élevé le plus rapidement possible, en commençant par celles qui ont le taux le plus élevé. Cela vous permettra d'économiser sur les intérêts et d'améliorer votre situation financière.

Investir judicieusement

Investir est essentiel pour atteindre l'indépendance financière. En choisissant les bons investissements, vous pourrez générer des revenus passifs et voir votre capital croître au fil du temps. Voici quelques conseils pour investir judicieusement :

- Diversifier vos investissements : La diversification permet de répartir les risques entre différents types d'investissements. Investissez dans des actions, des obligations, des biens immobiliers et d'autres instruments financiers pour réduire les risques et maximiser les gains potentiels.

- Investir régulièrement : Investir de manière constante vous permettra de bénéficier de la croissance du marché et de la capitalisation des intérêts composés.

- Éviter les investissements trop risqués : Ne mettez pas tous vos œufs dans le même panier et évitez les investissements trop risqués, qui pourraient compromettre votre objectif d'indépendance financière.

Éduquer soi-même financièrement

L'éducation financière est un élément clé pour atteindre l'indépendance financière. Apprenez à gérer efficacement vos finances personnelles et comprenez les principes de base de l'investissement. Voici quelques conseils pour développer votre éducation financière :

- Lire des livres et des articles sur la finance personnelle et l'investissement.

- Participer à des ateliers, des séminaires et des conférences sur les finances personnelles.

- Échanger avec des personnes qui ont déjà atteint l'indépendance financière et apprendre de leurs expériences.

Adopter un mode de vie frugal

Un mode de vie frugal vous permettra d'économiser davantage et d'accélérer votre progression vers l'indépendance financière. En réduisant vos dépenses, vous pourrez investir plus et accroître votre patrimoine plus rapidement. Voici quelques conseils pour adopter un mode de vie frugal :

- Revoir vos priorités : Identifiez les choses qui sont vraiment importantes pour vous et concentrez-vous sur elles. Cela vous aidera à éliminer les dépenses inutiles et à réduire votre train de vie.

- Choisir des loisirs et des activités à faible coût : Privilégiez les loisirs et les activités qui ne nécessitent pas de dépenser beaucoup d'argent. Par exemple, préférez les promenades en plein air aux séances de cinéma coûteuses.

- Apprendre à cuisiner : Préparer vos propres repas peut vous faire économiser beaucoup d'argent par rapport aux repas au restaurant ou aux plats à emporter.

Générer des revenus supplémentaires

Pour accélérer votre progression vers l'indépendance financière, il peut être utile de générer des revenus supplémentaires. Voici quelques idées pour y parvenir :

- Tirer parti de vos compétences : Utilisez vos compétences et vos talents pour offrir des services en freelance ou pour créer des produits que vous pouvez vendre en ligne.

- Investir dans l'immobilier : L'investissement locatif peut générer des revenus passifs et vous aider à atteindre l'indépendance financière plus rapidement.

- Créer une entreprise en ligne : Créez une boutique en ligne, un blog ou une chaîne YouTube pour générer des revenus supplémentaires grâce à la publicité, aux affiliations ou à la vente de produits.

En suivant ces étapes cruciales, vous vous rapprocherez progressivement de l'indépendance financière. Bien sûr, le chemin peut être semé d'embûches, et il vous faudra faire preuve de persévérance et d'adaptabilité. Mais avec le temps et les efforts nécessaires, vous pourrez savourer la liberté et la sécurité que procure l'indépendance financière.

Chapitre 32 : Comment maintenir et faire fructifier votre patrimoine

Alors que je m'assois dans mon bureau, je réfléchis à l'importance de maintenir et de faire fructifier un patrimoine. Je me souviens d'une conversation que j'ai eue avec un ami il y a quelque temps. Il m'a raconté comment il avait travaillé dur pour économiser et investir, mais qu'il avait tout perdu à cause de mauvaises décisions financières. Cela m'a amené à réaliser que, pour réussir financièrement, il ne suffit pas d'accumuler un patrimoine, il faut aussi le gérer et le protéger avec soin.

Une vision à long terme

Le maintien et la croissance de votre patrimoine exigent une vision à long terme. Vous devez planifier votre avenir financier en tenant compte de vos objectifs, de vos besoins et de vos priorités. Par exemple, si vous souhaitez prendre votre retraite dans 20 ans, vous devrez mettre en place un plan d'investissement qui vous permettra d'atteindre cet objectif.

Diversification des investissements

La diversification de vos investissements est essentielle pour minimiser les risques et optimiser les rendements. Investissez dans différents types d'actifs, tels que les actions, les obligations, l'immobilier et les liquidités. Évitez de mettre tous vos œufs dans le même panier et répartissez vos investissements dans divers secteurs et zones géographiques.

Un jour, je me suis retrouvé à discuter avec un homme d'affaires chevronné lors d'une conférence. Il m'a confié que l'un de ses secrets pour protéger et faire fructifier son patrimoine était de toujours diversifier ses investissements. Cette leçon m'a beaucoup marqué, et je suis convaincu de l'importance de la diversification pour assurer la croissance et la stabilité de mon patrimoine.

Gestion des risques

La gestion des risques est un élément crucial pour maintenir et faire fructifier votre patrimoine. Prenez le temps d'évaluer les risques associés à chaque investissement et mettez en place des stratégies pour les atténuer. Par exemple, vous pouvez souscrire une assurance pour protéger votre patrimoine contre les événements imprévus, tels que les catastrophes naturelles ou les accidents. De plus, assurez-vous de disposer d'un fonds d'urgence pour faire face aux imprévus financiers.

Réévaluation régulière

Il est important de réévaluer régulièrement votre portefeuille d'investissement et de l'ajuster en fonction de l'évolution de vos objectifs, de votre situation financière et du marché. Cela peut impliquer de vendre certains actifs pour en acheter de nouveaux, ou de rééquilibrer votre portefeuille pour maintenir la répartition souhaitée entre les différentes classes d'actifs.

Minimisation des coûts et des impôts

Les coûts et les impôts peuvent avoir un impact considérable sur la performance de votre patrimoine. Pour minimiser ces coûts, choisissez des investissements à faibles frais de gestion, tels que les fonds indiciels et les ETF. De plus, tirez parti des régimes fiscaux avantageux pour optimiser votre situation fiscale, comme les comptes d'épargne retraite ou les plans d'épargne en actions.

Education financière

L'éducation financière est essentielle pour maintenir et faire fructifier votre patrimoine. Prenez le temps d'apprendre les bases de l'investissement, de la fiscalité et de la planification financière. Il existe de nombreuses ressources, telles que des livres, des articles, des podcasts et des cours en ligne, pour vous aider à améliorer vos connaissances et compétences financières.

Je me souviens d'une rencontre fortuite avec un vieil homme lors d'un voyage en train. Il m'a parlé de l'importance de l'éducation financière et de la manière dont cela avait changé sa vie. Grâce à ses conseils, j'ai commencé à étudier et à appliquer ces connaissances dans ma propre vie. Aujourd'hui, je suis reconnaissant d'avoir croisé la route de cet homme et d'avoir appris de lui.

Patience et discipline

La patience et la discipline sont des qualités essentielles pour réussir dans la gestion de votre patrimoine. Ne cédez pas aux émotions, comme la peur ou la cupidité, qui peuvent vous pousser à prendre des décisions financières impulsives et potentiellement néfastes. Restez concentré sur vos objectifs à long terme et résistez à la tentation de suivre les tendances du marché ou de réagir à chaque nouvelle information.

Travailler avec des professionnels

Il peut être bénéfique de travailler avec des professionnels, tels que des conseillers financiers, des comptables et des avocats, pour vous aider à gérer et faire fructifier votre patrimoine. Ils peuvent vous fournir des conseils personnalisés en fonction de votre situation et de vos objectifs, ainsi que vous aider à naviguer dans les complexités du monde financier.

En conclusion, maintenir et faire fructifier votre patrimoine exige une approche réfléchie, disciplinée et éclairée. En mettant en œuvre ces étapes cruciales, vous serez mieux équipé pour atteindre l'indépendance financière et profiter d'une vie riche et épanouissante.

Chapitre 33 : Vivre selon vos valeurs et vos priorités

En observant le paysage urbain depuis ma fenêtre, je réalise combien il est essentiel de vivre selon ses valeurs et ses priorités. Dans ce monde en constante évolution, il est facile de se perdre dans le tumulte et de se laisser dicter sa vie par les attentes des autres. Pourtant, vivre une vie authentique, épanouissante et riche de sens exige de prendre le temps de réfléchir à ce qui compte vraiment pour nous et d'aligner nos actions en conséquence.

Identifiez vos valeurs

La première étape pour vivre selon vos valeurs et vos priorités consiste à les identifier clairement. Qu'est-ce qui est le plus important pour vous dans la vie ? Quels sont les principes qui guident vos actions et vos décisions ? Les réponses à ces questions vous aideront à définir les valeurs fondamentales qui vous sont chères.

Un soir, alors que je me promenais dans un parc, je me suis arrêté devant un banc où un homme semblait perdu dans ses pensées. Il m'a confié qu'il avait récemment pris conscience de l'importance de vivre selon ses valeurs et que cela avait transformé sa vie. Cette conversation m'a incité à faire de même et à prendre le temps de réfléchir à mes propres valeurs.

Établissez vos priorités

Une fois vos valeurs identifiées, il est temps de les traduire en priorités concrètes. Quels sont les domaines de votre vie qui méritent le plus votre attention et vos efforts ? Quels sont les objectifs et les rêves que vous souhaitez réaliser ? Classez vos priorités par ordre d'importance et engagez-vous à leur consacrer le temps et les ressources nécessaires.

Alignez vos actions avec vos valeurs et priorités

Vivre selon vos valeurs et priorités signifie aligner vos actions et décisions avec ce qui compte vraiment pour vous. Cela peut impliquer de faire des choix difficiles et de renoncer à certaines opportunités ou distractions pour rester fidèle à vos principes et objectifs.

Je me souviens d'un ami qui a décidé de quitter son emploi bien rémunéré dans une entreprise prestigieuse pour poursuivre sa passion pour l'art. Bien que cela ait été un choix difficile et risqué, il a estimé que cela correspondait mieux à ses valeurs et priorités, et cela lui a finalement apporté une plus grande satisfaction et épanouissement.

Apprenez à dire non

Savoir dire non est une compétence essentielle pour vivre selon vos valeurs et priorités. Il est important de reconnaître que vous ne pouvez pas tout faire et que vous devez parfois refuser certaines sollicitations ou opportunités pour préserver votre temps et votre énergie pour ce qui compte vraiment pour vous.

Faites preuve de flexibilité

Vivre selon vos valeurs et priorités ne signifie pas que vous devez vous enfermer dans un mode de vie rigide et invariable. Les circonstances de la vie évoluent et il est essentiel de faire preuve de flexibilité pour vous adapter à ces changements. Soyez ouvert à la remise en question de vos priorités et à l'ajustement de vos objectifs si nécessaire.

Surmontez les obstacles

La vie est parsemée d'obstacles et de défis qui peuvent nous éloigner de nos valeurs et priorités. Il est crucial de rester déterminé et de surmonter ces obstacles pour continuer à avancer vers une vie authentique et épanouissante.

Récemment, j'ai rencontré un entrepreneur qui a surmonté de nombreux défis pour créer une entreprise respectueuse de l'environnement et socialement responsable. Malgré les difficultés rencontrées, il n'a jamais perdu de vue ses valeurs et ses priorités et a réussi à bâtir une entreprise prospère qui reflète ses convictions.

Célébrez vos réussites

N'oubliez pas de célébrer vos réussites et de vous réjouir des progrès que vous réalisez en vivant selon vos valeurs et priorités. Prenez le temps de reconnaître et d'apprécier les petites et grandes victoires qui jalonnent votre parcours.

Entourez-vous de personnes partageant les mêmes valeurs

L'entourage joue un rôle crucial dans notre capacité à vivre selon nos valeurs et priorités. Entourez-vous de personnes qui partagent vos convictions et qui vous soutiendront dans votre quête d'une vie authentique et épanouissante.

Faites preuve de compassion envers vous-même

Il est important de se rappeler que nous sommes tous humains et que nous commettrons inévitablement des erreurs en essayant de vivre selon nos valeurs et priorités. Faites preuve de compassion envers vous-même lorsque vous trébuchez et utilisez ces expériences comme des opportunités d'apprentissage et de croissance.

Réévaluez régulièrement vos valeurs et priorités

Enfin, n'oubliez pas que nos valeurs et priorités peuvent évoluer avec le temps et les expériences vécues. Prenez le temps de réévaluer régulièrement ce qui compte vraiment pour vous et ajustez vos actions et objectifs en conséquence.

En suivant ces étapes, vous serez en mesure de vivre une vie alignée sur vos valeurs et priorités, vous offrant ainsi un sentiment d'accomplissement et de satisfaction profonde. À travers cet épanouissement personnel, vous inspirerez également ceux qui vous entourent à faire de même, contribuant ainsi à créer un monde plus authentique et épanouissant pour tous.

Chapitre 34 : Redéfinir la réussite et le bonheur selon vos termes

Dans ce chapitre, j'aimerais vous parler de la manière dont chacun de nous peut redéfinir la réussite et le bonheur selon ses propres termes. Nous vivons dans un monde où la réussite est souvent mesurée par des critères externes tels que le statut social, la richesse et les réalisations professionnelles. Mais il est important de réaliser que ces facteurs ne garantissent pas nécessairement le bonheur. En redéfinissant ce que signifie pour nous le succès et le bonheur, nous pouvons créer une vie qui nous apporte une satisfaction authentique et durable.

Identifiez ce qui compte vraiment pour vous

La première étape pour redéfinir la réussite et le bonheur est de prendre le temps de réfléchir à ce qui compte vraiment pour vous. Posez-vous la question : quels sont les aspects de ma vie qui me procurent le plus de satisfaction et de joie ? Cela peut être des relations saines, des activités créatives, l'apprentissage constant ou la contribution à un objectif plus vaste.

Définissez vos propres critères de réussite

Une fois que vous avez identifié ce qui est essentiel pour vous, il est temps de définir vos propres critères de réussite. Cela signifie rejeter les normes imposées par la société et choisir de mesurer votre succès en fonction de vos valeurs et de vos priorités.

Un homme que je connais a quitté un poste prestigieux et lucratif pour travailler dans une organisation à but non lucratif. Bien que sa décision ait été accueillie avec scepticisme par certains, il a redéfini son idée de réussite en se concentrant sur l'impact positif qu'il pouvait avoir sur le monde, plutôt que sur le prestige ou le salaire.

Cherchez le bonheur dans les moments présents

Au lieu de toujours chercher le bonheur dans un avenir lointain, apprenez à le trouver dans les moments présents. La clé pour y parvenir est de développer une conscience aiguë de vos émotions et de vos pensées, ce qui vous permettra de savourer les plaisirs simples et de profiter pleinement de chaque instant.

Établissez des objectifs alignés sur vos valeurs

Il est important d'établir des objectifs qui sont alignés sur vos valeurs et qui vous mèneront vers la réussite et le bonheur tels que vous les avez définis. Veillez à ce que ces objectifs soient réalisables et stimulants, afin de vous donner une direction claire et de vous motiver à agir.

Créez un équilibre entre les différentes sphères de votre vie

La réussite et le bonheur ne se trouvent pas seulement dans une seule sphère de notre existence. Il est crucial de créer un équilibre entre les différents aspects de notre vie, tels que les relations, la carrière, la santé et les loisirs. En cultivant cet équilibre, nous pouvons éviter l'épuisement professionnel et préserver notre bien-être global.

Entourez-vous de personnes qui vous soutiennent

L'entourage joue un rôle crucial dans notre capacité à redéfinir la réussite et le bonheur. Entourez-vous de personnes qui vous soutiennent dans votre quête de réussite et de bonheur selon vos propres termes. Ces personnes peuvent vous aider à rester motivé, à maintenir la perspective et à célébrer vos réalisations.

Acceptez l'échec comme une opportunité d'apprentissage

Dans notre quête de réussite et de bonheur, nous devons apprendre à accepter l'échec comme une opportunité d'apprentissage et de croissance. En adoptant cette mentalité, nous pouvons faire face aux revers avec résilience et les utiliser pour nous améliorer et progresser.

Lors d'une réunion avec un ami, il m'a raconté comment il avait échoué dans son entreprise et comment cet échec l'avait aidé à repenser sa vision de la réussite. Il a tiré des leçons précieuses de cette expérience et a ensuite créé une entreprise florissante, alignée sur ses valeurs et ses passions.

Pratiquez la gratitude

La pratique de la gratitude peut transformer notre perception du bonheur et de la réussite. En exprimant notre reconnaissance pour les choses positives dans notre vie, nous attirons notre attention sur ce qui va bien, plutôt que sur ce qui manque. Cela peut nous aider à maintenir une attitude positive et à apprécier pleinement notre vie.

Donnez-vous la permission de réévaluer et d'ajuster

Il est important de se donner la permission de réévaluer et d'ajuster notre définition de la réussite et du bonheur au fil du temps. Les circonstances et les priorités changent, et ce qui nous rendait heureux à un moment donné de notre vie peut ne plus être pertinent. Soyez prêt à ajuster votre vision en fonction de vos nouvelles connaissances et expériences.

En conclusion, redéfinir la réussite et le bonheur selon vos propres termes est un processus continu qui nécessite une réflexion honnête sur vos valeurs, vos priorités et vos objectifs. En adoptant cette approche, vous pouvez créer une vie authentique et épanouissante qui vous apporte une satisfaction profonde et durable. N'oubliez pas de rester ouvert au changement, d'entourer-vous de personnes positives et de pratiquer la gratitude pour apprécier pleinement le voyage.

Chapitre 35 : L'importance d'une philanthropie engagée

L'autre jour, je marchais dans le parc et j'ai aperçu un groupe de bénévoles plantant des arbres. Cela m'a rappelé l'importance d'une philanthropie engagée dans notre société. En voyant ces personnes donner de leur temps et de leurs ressources pour améliorer l'environnement, j'ai réalisé que chacun d'entre nous peut contribuer au bien-être de notre monde de différentes manières. Dans ce chapitre, je souhaite partager avec vous quelques réflexions sur l'importance de la philanthropie engagée et comment vous pouvez vous impliquer pour créer un impact positif.

La philanthropie engagée va au-delà des dons financiers

La philanthropie engagée ne se limite pas à donner de l'argent à des organisations caritatives ou à des causes. Il s'agit également de donner de son temps, de ses compétences, de son expertise et de son réseau pour soutenir des projets et des initiatives qui répondent à des besoins spécifiques. En vous engageant activement dans la philanthropie, vous pouvez maximiser l'impact de votre soutien et contribuer de manière significative au bien-être de votre communauté.

Les avantages personnels de la philanthropie engagée

Participer à des actions philanthropiques engagées peut également vous apporter des avantages personnels. Cela peut vous aider à développer de nouvelles compétences, à renforcer votre estime de vous et à vous connecter avec des personnes partageant les mêmes idées. De plus, l'engagement philanthropique peut vous offrir un sentiment de satisfaction et de réalisation personnelle en contribuant à améliorer la vie des autres.

Un jour, j'ai rencontré un homme qui avait décidé de consacrer une partie de son temps à enseigner bénévolement dans une école locale. Il m'a confié que cette expérience lui avait non seulement permis de partager ses connaissances, mais aussi de développer des compétences en communication et en gestion de classe. De plus, il a noué des relations précieuses avec les étudiants et les enseignants.

Créer un impact durable

Une philanthropie engagée permet de créer un impact durable en soutenant des initiatives qui répondent aux besoins spécifiques des bénéficiaires et en favorisant l'autonomie des communautés. En travaillant en étroite collaboration avec les organisations et les personnes concernées, vous pouvez contribuer à résoudre les problèmes à la racine et à promouvoir un changement durable.

Trouver des causes qui vous tiennent à cœur

Pour vous impliquer dans la philanthropie engagée, il est essentiel de trouver des causes qui vous tiennent à cœur. Identifiez les problèmes et les enjeux qui vous touchent personnellement et qui correspondent à vos valeurs et à vos convictions. Cela vous permettra de vous sentir plus connecté à votre engagement et de rester motivé pour contribuer de manière significative.

Construire des partenariats et des collaborations

La collaboration et le partenariat sont des éléments clés de la philanthropie engagée. En travaillant avec d'autres personnes et organisations partageant les mêmes objectifs, vous pouvez unir vos forces pour créer un impact plus important. Par exemple, vous pourriez vous associer à des entreprises locales pour collecter des fonds, des ressources ou du matériel pour soutenir une cause spécifique. Ensemble, vous pouvez accomplir beaucoup plus que ce que vous pourriez réaliser individuellement.

Mesurer l'impact de votre engagement

Pour vous assurer que votre engagement philanthropique porte ses fruits, il est important de mesurer l'impact de vos actions. Suivez les progrès des projets que vous soutenez, évaluez l'efficacité de vos contributions et identifiez les domaines dans lesquels vous pouvez améliorer votre soutien. Cela vous permettra de mieux comprendre les résultats de votre philanthropie et de vous adapter en conséquence.

S'engager sur le long terme

La philanthropie engagée exige un engagement à long terme. Les problèmes auxquels notre société est confrontée ne peuvent pas être résolus du jour au lendemain. En vous engageant sur le long terme, vous pouvez contribuer de manière significative à un changement durable. Restez impliqué dans les causes qui vous tiennent à cœur et continuez à soutenir les organisations et les projets qui ont besoin de votre aide.

Faire preuve d'humilité et d'empathie

Enfin, il est essentiel de faire preuve d'humilité et d'empathie dans votre engagement philanthropique. Respectez les opinions et les besoins des personnes que vous soutenez et soyez prêt à apprendre de leurs expériences. L'écoute et la compréhension des réalités des autres vous permettront de mieux soutenir les causes qui vous tiennent à cœur.

En conclusion, la philanthropie engagée joue un rôle essentiel dans notre société en permettant à chacun de contribuer au bien-être de notre monde de différentes manières. En vous impliquant activement dans des causes qui vous tiennent à cœur, en travaillant en partenariat avec d'autres personnes et organisations, et en vous engageant sur le long terme, vous pouvez créer un impact durable et améliorer la vie des autres.

Chapitre 36 : Célébrer vos victoires et tirer les leçons de vos échecs

J'ouvre les yeux un matin et réalise que ma vie a pris un tournant inattendu. Mon parcours, semé de réussites et d'échecs, m'a conduit là où je suis aujourd'hui. Je pense à toutes ces occasions où j'ai célébré mes victoires et tiré des leçons de mes échecs. Voici ce que j'ai appris au fil des ans, et comment vous pouvez appliquer ces enseignements à votre propre vie.

Célébrer chaque victoire, grande ou petite

Lorsque nous atteignons un objectif, il est crucial de prendre le temps de célébrer. Que ce soit une promotion, un nouveau partenariat ou même la réalisation d'un projet personnel, chaque victoire mérite d'être savourée. Je me rappelle, par exemple, cette fois où j'ai conclu un accord commercial majeur. J'ai invité mes amis et ma famille à une soirée pour partager ma joie. La célébration de nos succès nous permet de reconnaître nos efforts et nous motive à continuer sur la voie du progrès.

Analyser les échecs sans se blâmer

Un échec peut être difficile à accepter, mais il est important de ne pas se laisser abattre. Au lieu de nous blâmer ou de nous apitoyer sur notre sort, nous devons analyser nos échecs et comprendre les raisons qui les ont provoqués. Un jour, j'ai investi dans une entreprise qui s'est avérée être un désastre financier. Au lieu de me morfondre, j'ai examiné la situation et compris que j'avais manqué de diligence raisonnable. Cette expérience m'a servi de leçon et m'a aidé à éviter de commettre la même erreur à l'avenir.

Tirer des enseignements des échecs

Chaque échec est une opportunité d'apprentissage. En tirant des enseignements de nos erreurs, nous pouvons éviter de les répéter et améliorer nos compétences. Lorsque j'ai échoué à un examen important, j'ai compris que je devais revoir ma méthode de travail. J'ai alors ajusté mon approche et réussi l'examen suivant avec brio. N'ayez pas peur d'échouer, car cela vous permettra de grandir et de vous améliorer.

Partager vos expériences avec les autres

Il est essentiel de partager nos succès et nos échecs avec les autres. En échangeant nos expériences, nous pouvons apprendre les uns des autres et grandir ensemble. Je me souviens d'une conversation avec un ami qui avait connu un échec similaire au mien. En partageant nos histoires, nous avons pu nous soutenir mutuellement et tirer des leçons de nos expériences respectives.

Cultiver la résilience

La résilience est la clé pour surmonter les défis et les échecs. Elle nous permet de rebondir et de continuer à avancer, même lorsque les choses ne se passent pas comme prévu. Un jour, j'ai perdu un emploi que j'aimais profondément. Malgré ma tristesse, j'ai choisi de rester résilient et de chercher de nouvelles opportunités. Grâce à cette résilience, j'ai finalement trouvé un poste encore plus épanouissant que le précédent.

Apprécier le processus

Il est important de se rappeler que la réussite et l'échec sont tous deux des étapes du processus d'apprentissage. Nous devons apprécier ce processus et reconnaître que chaque expérience, bonne ou mauvaise, nous aide à grandir et à progresser. Je me souviens d'une compétition sportive où je n'ai pas réussi à gagner la première place. Malgré ma déception, j'ai appris à apprécier le processus et les efforts fournis pour y parvenir.

Se fixer de nouveaux objectifs

Après avoir célébré nos victoires et tiré des leçons de nos échecs, il est essentiel de se fixer de nouveaux objectifs pour continuer à avancer. Ces objectifs nous donneront un sens et une motivation pour poursuivre notre développement personnel et professionnel. Par exemple, après avoir atteint un objectif financier, je me suis fixé un nouvel objectif de contribuer à une cause qui me tenait à cœur.

En conclusion, célébrer nos victoires et tirer les leçons de nos échecs est essentiel pour progresser dans la vie. En analysant nos expériences, en cultivant la résilience et en appréciant le processus, nous pouvons continuer à grandir et à nous améliorer. N'hésitez pas à partager vos succès et vos échecs avec les autres, car ensemble, nous pouvons apprendre et nous soutenir mutuellement. Et surtout, n'oubliez pas que chaque expérience, qu'elle soit positive ou négative, est une étape sur le chemin de la réussite et du bonheur.

Conclusion

Nous voici arrivés à la fin de notre voyage à travers "Richesse Simplifiée". Nous espérons que ce guide vous a fourni des outils, des conseils et des inspirations pour vous aider à bâtir une vie riche et épanouissante, tant sur le plan financier que sur le plan personnel.

Tout au long de ce livre, nous avons exploré les étapes cruciales pour atteindre l'indépendance financière, appris à maintenir et à faire fructifier notre patrimoine, et réfléchi à la manière de vivre selon nos valeurs et nos priorités. Nous avons également discuté de l'importance de redéfinir la réussite et le bonheur selon nos propres termes, et de l'impact positif que peut avoir une philanthropie engagée sur notre vie et notre communauté.

Enfin, nous avons appris à célébrer nos victoires et à tirer les leçons de nos échecs, pour continuer à grandir et à progresser dans notre quête de richesse et de bonheur.

À présent, il est temps pour vous de mettre en pratique ce que vous avez appris et de transformer vos connaissances en actions concrètes. N'oubliez pas que le chemin vers la richesse et l'épanouissement est un processus constant d'apprentissage, d'adaptation et d'amélioration.

Nous vous souhaitons le meilleur dans cette aventure passionnante, et nous sommes convaincus que vous avez en vous les ressources nécessaires pour créer une vie riche et épanouissante. Rappelez-vous que le véritable succès se mesure à votre capacité à vivre selon vos valeurs et vos priorités, et à contribuer positivement au monde qui vous entoure.

Nous vous encourageons à revenir régulièrement à ce livre pour vous rappeler les leçons apprises, approfondir votre compréhension des concepts et trouver de nouvelles inspirations. Chaque lecture vous permettra de découvrir de nouvelles facettes de la richesse simplifiée et d'affiner vos stratégies pour une vie toujours plus riche et épanouissante.

Merci de nous avoir accompagnés dans ce voyage. Nous sommes honorés d'avoir été vos guides et nous espérons que "Richesse Simplifiée" vous aura apporté les clés pour ouvrir les portes d'une vie pleine de succès, de bonheur et de richesse, au sens le plus profond du terme.

Bonne chance et bon vent dans votre quête de richesse simplifiée !

Remerciements

Avant de conclure, je tiens à exprimer ma profonde gratitude à tous ceux qui ont contribué à la réalisation de ce livre. À ma famille et mes amis, pour leur soutien indéfectible et leur amour inconditionnel. À mes mentors et collègues, pour leurs précieux conseils et leur générosité intellectuelle.

Je tiens également à remercier tous les lecteurs qui ont pris le temps de se plonger dans "Richesse Simplifiée". Votre engagement et votre soif de connaissances sont une source d'inspiration constante. J'espère sincèrement que ce livre aura un impact positif sur votre vie et vous aidera à atteindre vos objectifs financiers et personnels.

Si vous avez trouvé de la valeur dans ce livre, je vous encourage à partager votre expérience en laissant un avis sur Amazon. Vos commentaires sont essentiels pour aider d'autres lecteurs à découvrir "Richesse Simplifiée" et à bénéficier des enseignements qu'il contient. De plus, vos retours me permettront d'améliorer constamment ce livre et d'offrir un contenu toujours plus pertinent et utile à ceux qui cherchent à simplifier leur richesse.

Enfin, je tiens à exprimer ma gratitude envers vous, cher lecteur, pour avoir choisi de m'accompagner dans cette quête de richesse simplifiée. Je vous souhaite une vie pleine de succès, de bonheur et d'accomplissement.

Avec mes sincères remerciements,

Pierre Dubois